Francesco **d'Agostino**

Tecniche per la Sopravvivenza in Mare

ad uso degli equipaggi della Marina Mercantile Italiana, della navigazione da diporto e degli allievi degli istituti tecnici nautici statali

Guida agli esami M.A.M.S. - M.A.B.E.V. e Primo Soccorso in Mare

il **Mare**
Rogiosi editore

Rogiosi editore
collana **il Mare**

grafica
laura iodice

stampa
effegi srl

ISBN 978-88688-88-6
finito di stampare nel maggio 2012

stampato in italia

INDICE

EMERGENZA A BORDO

Premesso che le attuali regolamentazioni internazionali hanno come scopo fondamentale quello di fronteggiare l'emergenza a bordo della nave, sia esso in navigazione, in rada o in porto, l'espressione "Situazione di emergenza" indica una situazione di possibile pericolo per la nave, per i passeggeri e per l'equipaggio e corrisponde a tutte quelle situazioni anomale che possono avvenire a bordo al di fuori del normale andamento. Il successo delle operazioni può considerarsi legato a due parametri: quello tecnico e quello umano.
La continua evoluzione legata al progresso tecnologico rende indispensabile una adeguata preparazione professionale ed un sufficiente grado di addestramento dell'equipaggio che deve essere sempre e continuamente migliorato, come previsto dalla Convenzione Internazionale STCW.
L'emergenza può interessare tutte le persone a bordo (equipaggio e passeggeri) o solamente l'equipaggio, e quindi può essere definita EMERGENZA GENERALE o EMERGENZA LOCALE. La prima fase di una emergenza è quasi sempre locale, che in seguito può divenire generale.

EMERGENZA LOCALE può comprendere:

- INCENDIO
- UOMO IN MARE
- INCAGLIO, COLLISIONE, FALLA
- INQUINAMENTO DEL MARE
- INTOSSICAZIONE DA GAS TOSSICI PRESPORTATI

Ogni persona che scopra una emergenza locale deve immediatamente attivarsi affinché venga azionato il sistema d'allarme e, informare la plancia circa il tipo e la posizione dell'emergenza. Sarà, quindi, attivato l'impiego delle squadre preposte all'intervento.

L'EMERGENZA GENERALE

Implica ogni situazione di immediato pericolo della nave, per cui tutte le persone a bordo devono recarsi immediatamente ai punti di riunione assegnati indossando indumenti caldi, scarpe e la cintura di salvataggio, mentre le squadre addette alla preparazione dei mezzi di salvataggio collettivi si recano ai punti destinati (*STAZIONI*) dei mezzi.

L'*Emergenza Generale* non implica *"L'ABBANDONO NAVE"* il cui ordine viene dato *VERBALMENTE DAL COMANDANTE*.

L'emergenza può essere suddivida in TRE fasi:

- PRIMA FASE (*solo per equipaggio*): Si opera per il ripristino delle normali condizioni di esercizio. In caso di fallimento delle operazioni si passa alla fase successiva. Sulle Navi passeggeri in questa fase i passeggeri non devono essere avvisati per non creare inutile e pericolosa tensione. Ogni membro dell'equipaggio, non impegnato a fronteggiare l'emergenza, deve continuare il suo lavoro senza allarmare i passeggeri con commenti o comportamenti tali da destare panico. Le squadre chiamate ad intervenire saranno inviate al loro posto o con comunicazione diretta a mezzo telefono o a viva voce dagli Ufficiali responsabili oppure con annuncio interfonico.
-
- SECONDA FASE: Precede generalmente l'operazione di ABBANDONO NAVE, per cui mentre le squadre a ranghi ridotti operano per prolungare i tempi d'abbandono, i drappelli e squadre provvedono al raduno dei passeggeri con ordine e calma ai punti di riunione controllando che siano convenientemente vestiti e che indossino in modo corretto la cintura di salvataggio. Nel contempo le squadre preposte procedono alla preparazione dei mezzi di salvataggio con l'ammaino sino ai ponti d'imbarco.

- TERZA FASE: All'ordine di ABBANDONO NAVE, dato dalla VIVA VOCE DEL COMANDANTE, si procede a convogliare i passeggeri ai punti d'imbarco dei mezzi di salvataggio. I responsabili delle lance, delle zattere, e degli chute per l'evacuazione dei passeggeri sugli autogonfiabili, eseguono il conteggio e la sistemazione delle persone imbarcate. Ad operazione ultimata danno l'ordine di ammaino alle persone addette se trattasi di lance, mentre per gli autogonfiabili di sganciarsi dalla piattaforma madre.

Su di ogni nave deve essere approntato, prima della partenza, a cura del Comandante, che a sua volta delegherà l'Ufficiale responsabile alla sicurezza, il "*RUOLO D'APPELLO*".

IL *RUOLO D'APPELLO* deve specificare dettagliatamente il segnale di allarme per l'*EMERGENZA GENERALE* prescritto dalla Regola 53 ed inoltre l'azione da intraprendere da parte dell'equipaggio e dai passeggeri quando verrà emesso tale allarme. Il *RUOLO D'APPELLO* deve specificare inoltre come, l'ordine di *ABBANDONO NAVE*, verrà dato.

- IL RUOLO D'APPELLO predispone l'assegnazione e le mansioni per i vari componenti dell'equipaggio:
  1. Chiusura delle porte stagne, porte tagliafuoco, valvole, ombrinali, portellini di murata, dispositivi di bilanciamento, arresto della ventilazione ed estrazione, intercettazione dell'energia elettrica e del combustibile utilizzato per la propulsione della nave, la manovra in caso di apertura di falla allo scafo, oblò ed altre aperture della nave;
  2. L'armamento delle imbarcazioni e degli altri dispositivi di salvataggio;
  3. Preparazione e messa in mare delle imbarcazioni;
  4. Preparazione generale degli altri dispositivi di salvataggio;
  5. Punti di riunione passeggeri;
  6. Punto d'imbarco per ogni mezzo di salvataggio deve essere indicato sul ruolo, sulla scheda e sul libretto personale;
  7. Uso dell'equipaggiamento di comunicazione;
  8. L'effettivo della squadra antincendio;
  9. L'effettivo della squadra antinquinamento;
  10. Compiti speciali in relazione all'uso dell'equipaggiamento e delle installazioni antincendio e di antinquinamento;

- IL RUOLO D'APPELLO deve indicare gli Ufficiali responsabili della manutenzione e della prontezza dei mezzi di salvataggio ed attrezzature antincendio ed antinquinamento.
- IL RUOLO D'APPELLO deve specificare i sostituti che occupano "*posti chiave*" tenuto conto che diverse situazioni di emergenza possono richiedere diverse azioni.
- IL RUOLO D'APPELLO (*Navi passeggeri*) deve stabilire le mansioni per i componenti dell'equipaggio, nei riguardi dei passeggeri, in caso di emergenza.

Tali mansioni devono comprendere:
Avvertire i passeggeri;

1. Controllare che siano convenientemente vestiti e che indossino correttamente la loro cintura di salvataggio;
2. Riunire i passeggeri ai *"PUNTI DI RIUNIONE"* ;
3. Tenere l'ordine nei corridoi, nelle scale e, in generale, regolare l'afflusso dei passeggeri;
4. Curare che una provvista di coperte sia sistemata sui mezzi di salvataggio;
5. Lo schema base del *RUOLO D'APPELLO* deve essere quello previsto dalla forma approvata *ai sensi dell'art.203 del Regolamento di Sicurezza approvato con D.P.R. 8/11/1991 n.435 della Regola III°/37.4 della Convenzione SOLAS 74 (88).*
6. *IL RUOLO D'APPELLO* deve essere redatto prima che la nave inizi il viaggio ed aggiornato oppure rinnovato e sostituiti qualora si verifichino variazioni dell'equipaggio così come approvato.

- Lo schema base del *RUOLO D'APPELLO* deve essere quello previsto dalla forma approvata *ai sensi dell'art.203 del Regolamento di Sicurezza approvato con D.P.R. 8/11/1991 n.435 della Regola III°/37.4 della Convenzione SOLAS 74 (88).*
- *IL RUOLO D'APPELLO* deve essere redatto prima che la nave inizi il viaggio ed aggiornato oppure rinnovato e sostituiti qualora si verifichino variazioni dell'equipaggio così come approvato.

SEGNALI D'ALLARME

I segnali convenzionali più importanti che ogni persona di bordo deve conoscere sono:

UOMO IN MARE: uno squillo di sirena oppure un colpo lungo di fischio quando manchi la sirena.

INCENDIO GRAVE A BORDO: due squilli lunghi di sirena oppure due colpi lunghi di fischio quando manchi la sirena; tale segnale deve essere seguito dal suono rapido e continuo, per non meno di 10 secondi delle campane e dei campanelli d'allarme di bordo con l'indicazione, a mezzo altoparlante, del punto dove si trova il focolaio d'incendio.

ALLARME GENERALE D'EMERGENZA: una successione di non meno di sette colpi brevi di fischio o squilli brevi di sirena, seguiti da uno lungo, insieme con il suono delle suonerie d'allarme e degli altri apparecchi sonori eventualmente esistenti nei vari locali.

Il fischio e la sirena possono essere usati per dare indicazioni elementari di manovra alle scialuppe addette alle operazioni di "uomo in mare":

Un fischio breve...accostare a dritta
Due fischi brevi..accostare a sinistra
Tre fischi brevi...governare alla via
Quattro fischi brevi..ritornare a bordo

Nella stesura del *Ruolo d'Appello* si troveranno delle colonne contraddistinte da tre diversi colori: il Verde, il Blu, il Rosso, il Grigio. Colori che convenzionalmente l'IMO assegna alle emergenze.
Al colore VERDE corrispondono le emergenze in cui si prevede l'*Abbandono Nave* o la possibilità di realizzarlo.
Al colore BLU corrisponde l'*Uomo in Mare.*
Al colore ROSSO corrisponde l'*Incendio grave a bordo.*
Al colore GRIGIO corrisponde l'*Emergenza Antinquinamento.*

Fig. 1

Fig. 2

LA TUA DESTINAZIONE DI EMERGENZA

RICORDA

L'ADDESTRAMENTO A BORDO COMINCIA DALLA TUA CABINA
Appena imbarcato controlla che in essa vi sia la CINTURA DI SALVATAGGIO e la SCHEDA INDIVIDUALE delle mansioni e delle destinazioni nei casi di emergenza. Il Manuale d'addestramento contiene istruzioni ed informazioni illustrate sui mezzi di salvataggio in dotazione alla nave sui metodi e sistemi di sopravvivenza (art. 232/9 del RpSN). Nello stesso manuale sono descritte anche le istruzioni per le manutenzioni da eseguire alle dotazioni di sicurezza nave e alle sue registrazioni per iscritto (art. 208 del RpSN)

Nella Scheda Individuale troverai:
1) Il tuo numero di Ruolo
2) Il tuo Grado
3) Il tuo Punto di riunione
4) E tutte le tue mansioni, incarichi e destinazioni nei vari casi di emergenza

È chiaro quindi che per poter fronteggiare le varie situazioni di emergenza a bordo delle navi è prevista la formazione di più squadre composte esclusivamente da membri dell'equipaggio e cioè:

- Squadra addetta ai mezzi di salvataggio
- Squadra antincendio
- Squadra antifalla o di pronto intervento
- Squadra per il primo soccorso sanitario
- Squadra ecologica

Da qui la necessità di una capillare organizzazione dei servizi utili al superamento dell'impatto iniziale di sicura confusione ed incertezza.

Per grandi linee, una tale organizzazione è finalizzata a:

- Ammaino delle imbarcazioni e delle zattere per l'abbandono nave
- Salvataggio dei passeggeri e dell'equipaggio

Fig. 3

Prima dell'ammaino, il capolancia e gli uomini addetti all'armamento devono prendere posto nell'imbarcazione.
Stessa operazione deve essere eseguita per ciascuna zattera ammainabile nella quale deve prendere posto la persona pratica ad essa assegnata.
In ogni punto di riunione (*MUSTER STATION*), gli Ufficiali ed i comuni hanno il compito di dare ordini ed indicazioni per l'imbarco sui mezzi di salvataggio ai passeggeri con criterio di dare precedenza ad: ammalati e portatori di Handicap (*P.M.R.*); bambini; anziani; donne ed ai restanti passeggeri.
Nessun può portare con sé, sui mezzi di salvataggio, bagagli ed oggetti comunque ingombranti, a meno che non abbia avuta esplicita autorizzazione dal Comandante.
I membri dell'equipaggio che non fanno parte dell'armamento dei mezzi di salvataggio destinati ai passeggeri non devono abbandonare la nave prima dei passeggeri. È buona norma che gli Ufficiali, i Sottufficiali ed i Comuni, esclusi i capi lance, devono abbandonare la nave in ordine inverso di grado, ossia dai gradi più bassi a quelli più alti. Per quanto concerne i materiali, gli strumenti e gli apparati per le comunicazioni, utili da portare sui mezzi di salvataggio è stabilito preventivamente ed esposto in bacheca sul ponte comando un elenco preparato dal Comandante o dall'Ufficiale addetto alla sicurezza.
Il periodo di tempo successivo all'ordine di "*abbandono nave*" o al segnale di "*emergenza generale*" è sicuramente pervaso da possibili confusioni e tensioni nervose da parte di tutti.
È bene quindi, soprattutto per i componenti dell'equipaggio, in modo particolare per gli alti gradi gerarchici, mantenere ed infondere la calma tra i passeggeri poiché non familiari a qualsiasi tipo di emergenza a bordo.

VIE DI FUGA – GESTIONE DELLA FOLLA

Un problema di notevole rilevanza è quello di saper raggiungere seguendo le vie d'uscita alternative, nella maniera più celere, il proprio ponte di riunione, a volte situato su di un ponte diverso della nave da quello in cui ci si trova, dovuto ad allagamento, esplosione, collisione o incendio.
Ogni componente dell'equipaggio deve quindi conoscere molto bene la propria nave e sapere utilizzare le vie d'uscita alternative di sicurezza, oltre a quelle abituali, per raggiungere i vari punti di riunione nel più breve tempo possibile.
La **STCW'95** stabilisce che tutto il personale imbarcato su qualsiasi nave sia adibita a viaggi costieri nazionali che a viaggi internazionali, devono sottoporsi ad un periodo di addestramento ad intervalli di tempo non superiori a cinque anni.

AZIONI DA INTRAPRENDERE DOPO L'ABBANDONO NAVE

Occorre ricordare bene che la NAVE È IL MIGLIOR MEZZO DI SALVATAGGIO. Può essere necessario non abbandonare la nave e solo il Comandante è in grado di giudicarlo. Dopo questo ordine si devono mettere in atto le procedure per l'abbandono della nave. Questo ordine viene dato verbalmente dal Comandante, come più volte ripetuto. Le istruzioni riportate nell'apposito libretto per preparare il mezzo di salvataggio devono essere eseguite alla lettera senza apportare alcuna variante.

Quando ordinato, la persona deve entrare nel mezzo di salvataggio direttamente dal ponte delle imbarcazioni secondo le istruzioni impartite. Ciò consentirà anche di mantenere il corpo asciutto.

Evitare di saltare sul tettuccio delle zattere o direttamente nelle imbarcazioni. Potrebbero essere ferite le persone che sono già imbarcate ed anche chi effettua il salto.

Evitare di saltare in acqua a meno che ciò non sia l'ultima risorsa; eventualmente se non ci fosse più lo scivolo, impiegare le scalette di corda oppure raggiungere il mezzo di salvataggio impiegando cavi di ormeggio o manichette antincendio, penzoli o quant'altro disponibile.

Se occorre entrare in acqua è necessario scegliere un punto opportuno per lasciare la nave tenendo presente:

- lo scarroccio della nave. La nave può scarrocciare verso la persona in acqua più velocemente di quanto la persona stessa riesca ad allontanarsi da essa;
- la posizione dei mezzi di salvataggio in mare.

Occorre pensare che tali mezzi possono scarrocciare molto più velocemente di quanto la persona non riesca a nuotare; se non ci sono mezzi si salvataggio disponibili, può essere preferibile lasciare la nave da prora o da poppa, in modo da essere liberi dal suo successivo scarroccio con maggior sicurezza;

- lo stato del mare;
- altri pericoli (*per es. olio che brucia, rottami, galleggianti etc.*)

A meno che non sia indispensabile, evitare di saltare in acqua da un'altezza superiore a 6 metri, ricordando:

- di controllare che la cintura di salvataggio sia ben legata;
- di trattenerla con una mano all'altezza del collo tirandola verso il basso. (Ciò eviterà contraccolpi al mento ed alla nuca);
- di turare con l'altra mano il naso e la bocca per evitare d'ingerire dell'acqua;
- di tenere i piedi uniti con le gambe leggermente piegate;
- di controllare che non vi siano ostacoli nel punto di caduta;
- di saltare con i piedi in avanti guardando in alto. Il guardare in basso può causare una caduta pericolosa in acqua.

Fig. 4

AZIONI A BORDO DI UN MEZZO DI SALVATAGGIO

A seguito di un naufragio la causa primaria di morte è l'esposizione agli agenti atmosferici. Anche se i naufraghi riescono a salire su di un mezzo di salvataggio, essi possono morire a causa del freddo, se non prendono le precauzioni necessarie.

Indipendentemente dalla possibilità di ricevere soccorsi in tempi brevi, bisogna agire sin dal primo momento, se si vuole salvaguardare la propria vita dagli elementi naturali avversi.

I cardini fondamentali per salvaguardare la propria vita, a seguito di un'emergenza che ha avuto come conseguenza quello di abbandonare le nave sono:

1. <u>PROTEZIONE</u> *(Priorità uno)*
2. <u>LOCALIZZAZIONE</u> *(Priorità due)*
3. <u>ACQUA</u> *(Priorità tre - si può sopravvivere per giorni senza acqua)*
4. <u>CIBO</u> *(Priorità quattro - si può sopravvivere per settimane senza cibo)*

La sopravvivenza in mare, quindi è affidata alle soluzioni adeguate di questi quattro problemi.

OBBLIGHI DEL CAPO LANCIA

Il Capo lancia deve avere un ruolino delle persone della propria imbarcazione e deve assicurarsi che ciascun membro di esso conosca e sappia eseguire i compiti assegnatigli.
Ad ogni imbarcazione provvista di motore deve essere assegnata una persona in grado di saperlo azionare.
Ad ogni imbarcazione dotata di apparato radio ricetrasmittente deve essere assegnato un operatore e, qualora l'imbarcazione sia dotata di proiettore il capo lancia ed il suo sostituto devono essere in grado di conoscere il linguaggio per le segnalazioni luminose.
Ad ogni zattera di salvataggio deve essere assegnato un Ufficiale di coperta o un marittimo abilitato. La responsabilità del capo lancia/zattera è molto importante poiché le possibilità di sopravvivenza dipendono, in modo determinante, dalle sue capacità di comando ed organizzative.
Una volta imbarcato il numero di persone corrispondente alla massima capienza del mezzo e data assistenza ad eventuali altre persone in acqua deve raggiungere un altro mezzo di salvataggio:

1. <u>Allontanarsi dalla nave</u>
   - Se lancia di salvataggio azionare la leva di sgancio del paranco. Mollare la cima che tiene il mezzo di salvataggio legato alla nave, recuperandola se possibile, oppure tagliandola il più lontano possibile in direzione della nave stessa. Un coltello di sicurezza esiste sul mezzo ed è del tipo per evitare danni accidentali;
   - Impiegando il motore, i remi o le pagaie, allontanarsi dal fianco della nave, facendo attenzione, ai penzoli sospesi dopo lo sganciamento della lancia;

2. <u>Riunirsi</u>
   - Se sulla zattera, un battello di soccorso con motore(rescueboats) od anche a remi deve recuperare e riunire tutti i mezzi di salvataggio ed iniziare una ricerca dei naufraghi che eventualmente sono in acqua

3. <u>Usare l'ancora galleggiante</u>
   - Quando il mezzo si è allontanato dalla nave mettere a mare l'ancora galleggiante per ridurre lo scarroccio;

MODALITÀ D'IMPIEGO ANCORA GALLEGGIANTE

Fig. 5\a Zattera pneumatica:
Mantenere la posizione di cappa

- Cercare di rimanere nelle immediate vicinanze del luogo dell'abbandono nave;
- Quando riuniti, i mezzi di salvataggio devono essere ormeggati l'uno all'altro. Dieci metri di cavo in genere sono sufficienti per bilanciare l'effetto delle onde; evitare che le cime vengano in forza improvvisamente, ciò potrebbe danneggiare i punti di attacco o addirittura causare il ribaltamento delle zattere di salvataggio;

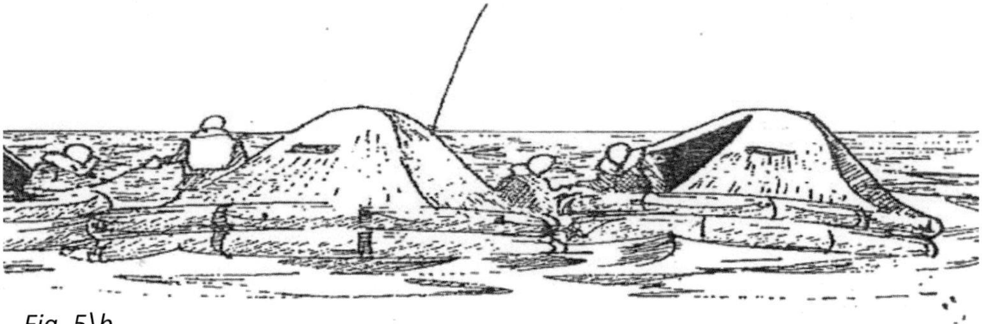

Fig. 5\b

- Le lance di salvataggio se possibile, devono posizionarsi sopravvento rispetto alle altre (in considerazione del fatto che le loro ancore galleggianti hanno maggior potere di tenuta; inoltre, in questo modo l'olio versato in mare dalle imbarcazioni di salvataggio per diminuire il frangersi delle onde abbia i suoi effetti sugli altri mezzi)

- L'ancora galleggiante delle zattere (liferafts) oltre agli effetti di tenuta contro lo scarroccio, serve anche da elemento stabilizzante.

Fig. 6 Imbarcazione
- Ancora di poppa per migliorare il governo e la stabilità
- Ancora di prua per mantenere la posizione di cappa

Vedette

- Una vedetta deve essere di guardia continua con turni molto brevi per evitare una prolungata esposizione al freddo; ben coperta e legata al mezzo di salvataggio. I compiti della vedetta sono quelli di stare in ascolto per fischi o grida d'aiuto, di ricercare altri naufraghi in acqua, luci di segnalazione da altri mezzi, da navi o da aerei;
- La vedetta deve inoltre segnalare la presenza di qualsiasi pericolo o di materiale in mare che potrebbe essere utile a bordo;
- Deve essere in grado di usare i segnali di soccorso.

Protezione sulle zattere

- Sulle zattere di salvataggio chiudere gli accessi quando tutti sono a bordo. Sulle imbarcazioni di salvataggio scoperte sistemare la copertura in tela, ciò è di aiuto per proteggere dal freddo, umidità e per trattenere all'interno il calore generato dagli occupanti;
- Togliersi il vestiario bagnato, strizzarlo ed indossarlo nuovamente, Ciò ridurrà la perdita di calore del corpo;
- Sgottare e scaricare fuoribordo l'acqua entrata accidentalmente nel mezzo. Gonfiare il fondo delle zattere per migliorare l'isolamento dal freddo. Nei climi caldi operare al contrario.
- Controllare che non ci siano danni o perdite di aria sulle zattere di salvataggio o entrate di acqua. Ventilare tenendo una piccola apertura attraverso la copertura del mezzo.

Fig. 7

Mal di mare

- Prendere le pillole contro il mal di mare al più presto possibile. Esse si trovano nell'apposito contenitore di equipaggiamento del mezzo. Molte persone – anche quelle con notevole esperienze in mare – quando sono in un mezzo di salvataggio soffrono il mal di mare e possono vomitare. Il risultato di ciò è una perdita di acqua dal corpo con conseguente perdita di resistenza. Tutti, quindi anche i più provetti marinai e "lupi di mare", devono prendere le pillole contro il mal di mare.

Trattamento dei feriti

- Fare in modo che le persone che hanno perduto conoscenza abbiano la dovuta ventilazione. Tenere sotto controllo le eventuali emorragie;
- l'argomento verrà ampiamente trattato nel capitolo riguardante il pronto soccorso

Ordini – Comandante del mezzo

- Ubbidire agli ordini senza discutere;
- Un Ufficiale sarà normalmente a bordo ed assumerà il comando del mezzo. In sua assenza "un comandante" deve essere nominato od eletto al più presto possibile; preferibilmente il comandante deve conoscere bene il mezzo ed il suo impiego e normalmente dove almeno avere la qualifica di marittimo abilitato o persona abilitata. Deve comunque, essere scelto o in base al grado o in base alla maggiore esperienza maturata in anni di navigazione.

Radio, VHF, EPIRB, SART

- Se una radio portatile, un EPIRB e un trasponditore radar sono a bordo renderli operativi al più presto possibile. (L'argomento verrà trattato nel capitolo dedicato).

Routine

- È importante per il morale che ai naufraghi vengano assegnati degli incarichi e che le loro menti siano tenute occupate anche se gli sforzi fisici devono essere ridotti al minimo. Stabilire una routine e preparare i turni di guardia riguardanti:
- Servizio di vedetta
- Assistenza ai feriti
- Manutenzione del mezzo
- Navigazione, registri, annotazioni dati.

Ruolo d'Appello – Registrazioni

- Preparare un ruolo d'appello e stabilire il numero di persone disponibili per le guardie, il numero dei feriti, l'esperienza di ciascuna delle persone a bordo,
- Se possibile, registrare le circostanze del naufragio e raccogliere le testimonianze di ognuno;
- Tenere un registro degli eventi, registrando le ore, le guardie organizzate, le razioni distribuite, i medicinali somministrati e le condizioni dei naufraghi

Oggetti taglienti

- Recuperare e conservare tutti gli oggetti taglienti e ogni arma reale o potenziale;

Guardie

- Le guardie devono essere organizzate in coppia per la durata di 1 ora, con una persona che è di vedetta e l'altra di guardia all'interno;

- La persona all'interno è il responsabile del mezzo quando gli altri riposano. Ciò include l'assistenza ai feriti, la raccolta dell'acqua piovana e la guardia all'equipaggiamento e ad eventuali oggetti di valore;
  A seconda del numero dei naufraghi, a bordo delle imbarcazioni di salvataggio, possono essere stabiliti turni di guardia per un meccanico ed un timoniere, oltre alla vedetta ed al responsabile dell'interno del mezzo.

Istruzioni per la sopravvivenza

- Quanti più naufraghi possibile devono leggere le istruzioni per la sopravvivenza, in modo da poter trarre da esse il maggior numero possibile di notizie. Un apposito opuscolo fa parte delle dotazioni dei mezzi di salvataggio.

Funzioni dell'organismo umano

- La ritenzione delle urine può essere pericolosa, per cui è di importanza non trascurabile, superare l'imbarazzo di urinare in presenza di altre persone al più presto possibile. I naufraghi dovrebbero urinare entro poche ore dal loro arrivo a bordo del mezzo di salvataggio; poi almeno una volta al giorno. Se si dovessero verificare casi di ritenzione, può essere di aiuto immergere le mani fuoribordo in acqua;
- L'urina diventerà di norma scura dopo pochi giorni di vita a bordo del mezzo di salvataggio a causa della ridotta quantità di acqua ingerita;
- L'urinazione sarà più abbondante se sarà possibile aggiungere, all'acqua delle provviste di bordo, quella proveniente dalla pioggia, rugiada o condensazione raccolta dal vapore acqueo della respirazione in tenda
- Sempre che sia possibile, i naufraghi dovrebbero cercare di liberare l'intestino entro le prime 12-24 ore di presenza sul mezzo di salvataggio. Pochi residui risulteranno per aver mangiato le razioni di emergenza; pertanto i naufraghi non si devono preoccupare in caso di costipazione. L'assenza di movimenti dell'intestino eviterà la perdita di acqua molto utile al corpo umano.

Metodo per salire a bordo di un mezzo di salvataggio

- Se si è in acqua, salire a bordo di un mezzo di salvataggio, senza aiuto altrui, è una operazione difficile.
- Fare massimo uso della presa dei piedi e delle mani, tenendo presente che, quando freddi, i muscoli serrati sono molto forti e possono essere usati per esercitare una maggiore azione di leva.
- Può essere di aiuto immergere completamente il corpo in modo da usare anche la spinta esercitata dalla cintura di salvataggio; in tal modo il corpo si solleva sensibilmente rispetto alla superficie del mare.
- La stessa tecnica può essere impiegata da coloro che, già a bordo del mezzo di salvataggio, aiutano la persona che è in mare ad essere issata a bordo.

Fig. 8

PROTEZIONE

PERICOLI PER L'ESPOSIZIONE AL FREDDO E NECESSITÀ DI ABITI CALDI

La protezione della vita umana in mare deve iniziare dal momento in cui viene dato il segnale di emergenza generale e che poi può proseguire con l'abbandono nave, dato dal comandante verbalmente a mezzo interfonico e con segnali sonori prolungati.

Vestiario

L'abbassamento della temperatura corporea oltre certi limiti comporta la morte. Tale abbassamento è più o meno rapido in funzione della temperatura dell'acqua di mare, del vento e, naturalmente della entità delle superficie del corpo umano esposta. Bisogna quindi ricordare che:

Fig. 9

- il vestiario di lana è il più appropriato.
- Occorre usare più strati di vestiario possibile.
- Se è necessario entrare in acqua, quando si abbandona la nave, lo "shock da freddo" iniziale può essere disabilitante o addirittura fatale. Strati protettivi di vestiario riducono notevolmente gli effetti di questo shock, ancor più se è stato possibile indossare uno strato impermeabile esterno;
- Questi strati di vestiario aumenteranno il tempo di sopravvivenza riducendo la perdita di calore del corpo.

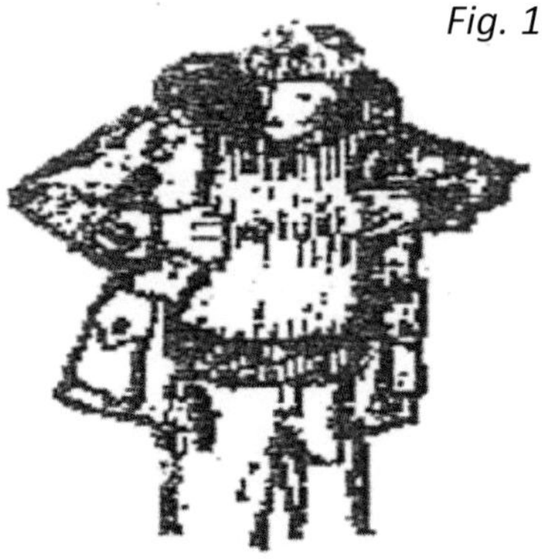

Fig. 10

Quando si entra in acqua l'aria intrappolata tra i vari strati di vestiario sarà anche di aiuto alla cintura di salvataggio.

- Questi strati di vestiario aumenteranno il tempo di sopravvivenza riducendo la perdita di calore del corpo. Quando si entra in acqua l'aria intrappolata tra i vari strati di vestiario sarà anche di aiuto alla cintura di salvataggio.
- Se è possibile, salire a bordo di un mezzo di salvataggio senza bagnarsi.
- Il FREDDO è la causa primaria di morte, seguono la mancanza di acqua e poi di cibo.

Al segnale di emergenza, rapidamente deve essere raggiunto il punto di riunione. Eventuali sistemazioni del vestiario possono essere fatte mentre ci si reca al predetto punto di riunione

AZIONI IN ACQUA

Ad ogni costo bisogna evitare di rimanere in acqua anche un secondo più del necessario.

Il calore del corpo si perderà in acqua più velocemente di quanto esso viene generato. L'eventuale ipotermia porterà alla perdita di conoscenza ed alla morte. Vari strati di vestiario e tute impermeabili rallenteranno la perdita di calore dal corpo e ritarderanno di conseguenza l'insorgere dell'ipotermia, come mostrato nel diagramma riportato di seguito.

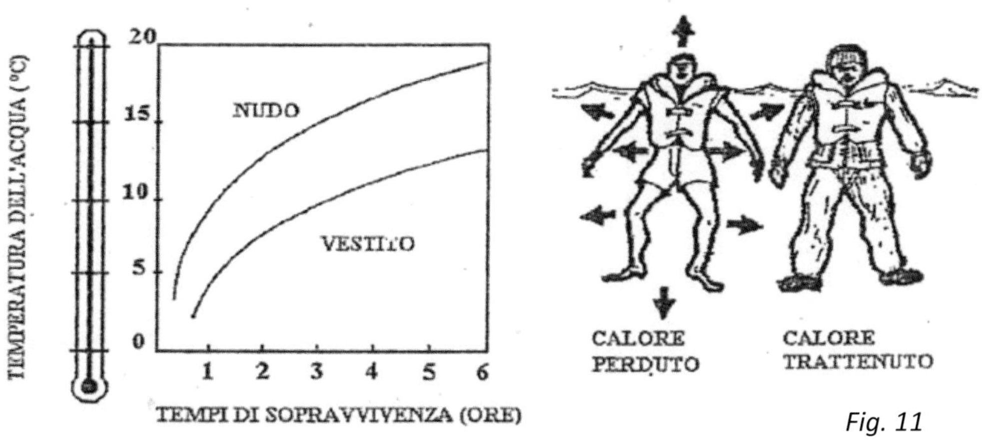

Fig. 11

In merito a quanto detto prima occorre salire a bordo di un mezzo di salvataggio quanto più in fretta possibile ed allontanarsi dalla nave. Il pericolo di essere colpiti dai rottami di una nave che sta per affondare è superiore a quello del vortice che si crea durante l'affondamento.
Se non c'è nessun mezzo di salvataggio su cui salire, non bisogna nuotare senza scopo. In questo modo aumenterebbe inutilmente la quantità di calore perduta dal corpo.
Occorre quindi galleggiare rimanendo quanto più possibile immobile con le ginocchia piegate in su e con le braccia strette al corpo. In questo modo saranno ridotte le perdite di calore.
Alla cintura di salvataggio è legato un fischietto che deve essere usato per attirare l'attenzione di potenziali soccorritori.

Fig. 12

Se possibile è opportuno formare gruppo con altre persone che sono in acqua. Ciò ridurrà le perdite di calore dal corpo. Inoltre un gruppo è avvistato più facilmente di una singola persona.

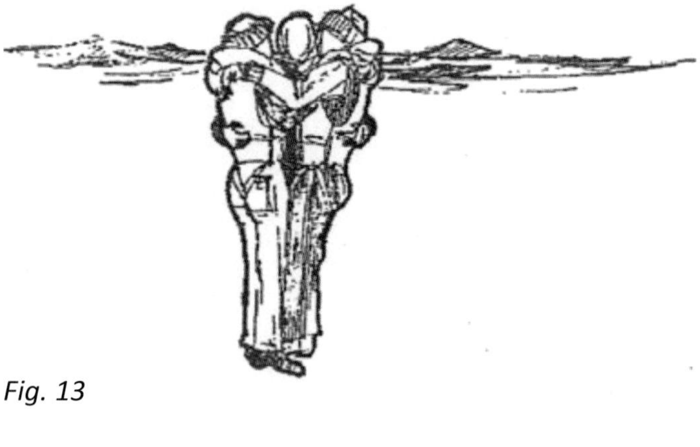

Fig. 13

EQUIPAGGIATI CON TUTE TERMICHE E PRIVI DI PROTEZIONE			
TEMPERATURA DEL MARE IN GRADI C.	NESSUNA PROTEZIONE: Spossamento o perdita di coscienza.	CON CINTURA DI SALVATAGGIO: Galleggiante, senza effettuare alcun movimento	CON TUTA TERMICA DI IMMERSIONE
0°	 MENO DI 15 m	 DA 15m a 45m	 CIRCA 18 ORE
0°- 04°	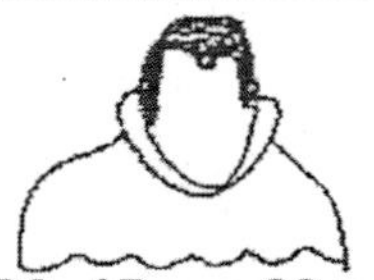 DA 15m a 30m	 DA 30m a 90m	 CIRCA 22 ORE
04°- 10°	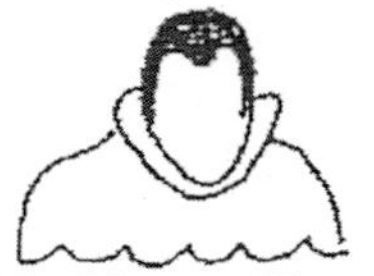 DA 30m a 60m	 DA 1 a 3 ORE	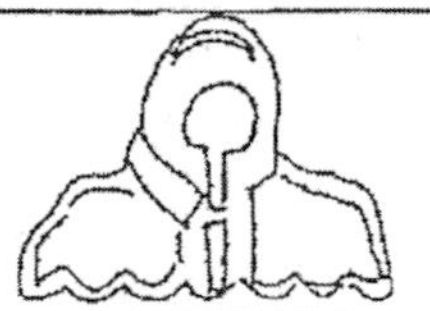 ILLIMITATO
10° - 15°	 DA 1 a 2 ORE	 DA 1 a 6 ORE	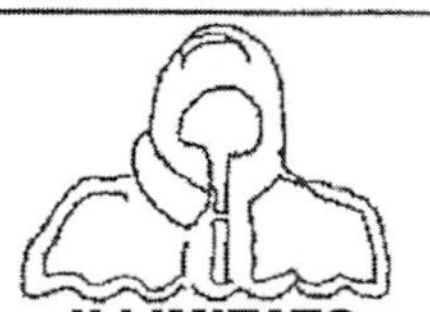 ILLIMITATO
15° - 21°	 DA 2 a 7 ORE	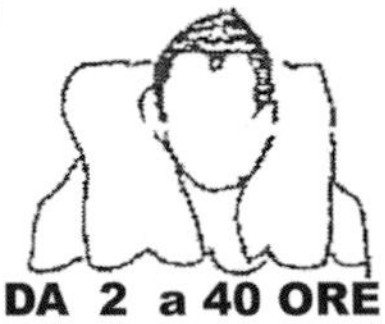 DA 2 a 40 ORE	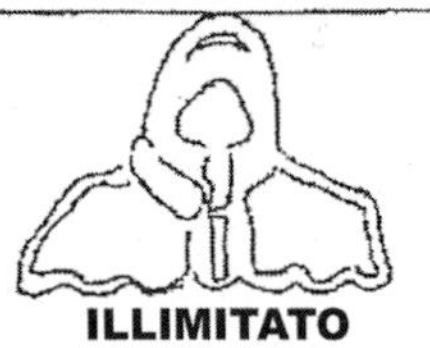 ILLIMITATO

Fig. 14

LOCALIZZAZIONE – ACQUA – CIBO

In mare è importante orientarsi. Anticamente i naviganti si orientavano con l'aiuto del sole di giorno e della stella polare nell'emisfero Nord o della Croce del Sud nell'emisfero Sud.

ORIENTAMENTO CON IL SOLE

Il sole, nell'emisfero nord, sorge verso oriente, culmina a sud a mezzogiorno(*sopra il tropico*) e tramonta verso ponente. Nell'emisfero sud, sorge verso oriente, culmina a nord(sotto il tropico) e tramonta verso ponente.

ORIENTAMENTO CON LA STELLA POLARE

La stella polare è fissa, mentre tutte le altre stelle ruotano. Per trovarla bisogna identificare l'Orsa Maggiore (*Gran Carro*), una costellazione costituita da sette stelle ben visibili; quattro a forma di trapezio e tre che si allungano dal trapezio con una coda cometa (*timone*). Prolungando per cinque volte la distanza la direzione delle ultime due stelle del trapezio si incontra la polare che è la seconda stella della coda cometa dell'Orsa Minore. Quando l'Orsa Maggiore è bassa nel cielo si può riconoscere la brillante costellazione di Cassiopea: 5 stelle a forma di "*M*" o di una "*W*".

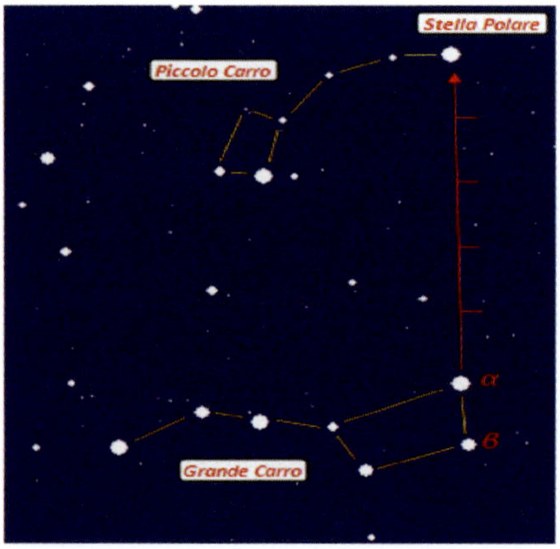

Fig. 15

La *Croce del Sud* è una costellazione facilmente individuabile per la sua forma, ed approssimativamente indica il Sud.

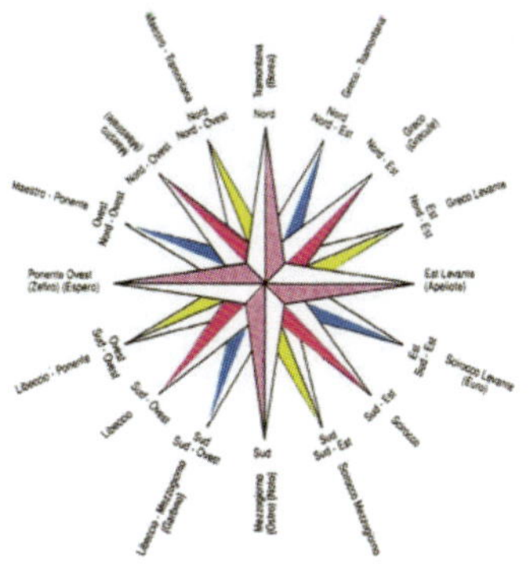

Fig. 16

ORIENTAMENTO CON LA BUSSOLA

Una bussola magnetica è in dotazione alle imbarcazioni di salvataggio. È uno strumento che permette ai naviganti di individuare la direzione del Nord e quindi di mantenere la direzione stabilita ovvero la rotta. Sulla parte interna dell'involucro (mortaio), è segnata la linea di fede dove viene letta la rotta.

Fig. 17

LOCALIZZAZIONE

Come attrarre l'attenzione:

- fare il possibile per non allontanarsi dalla zona ove la nave è affondata. La ricerca dei naufraghi inizierà dall'ultima posizione conosciuta della nave;
- i mezzi di salvataggio devono essere tenuti insieme per costruire un obiettivo più grande ai fini della scoperta e della localizzazione; vi saranno inoltre più attrezzature ed equipaggiamenti da poter condividere;
- quando è disponibile una radio portatile per imbarcazioni di salvataggio i messaggi di soccorso devono essere trasmessi al più presto seguendo le semplici istruzioni fornite con l'apparecchiatura;
- fuochi e razzi di soccorso devono essere usati solo quando un potenziale soccorritore è abbastanza vicino da poterli avvistare. Se il sole è libero da nuvole, per attirare l'attenzione, può essere impiegato l'eliografo;
- se avvistati da un aereo di ricerca, passerà un certo periodo di tempo prima che i soccorsi arrivino;
- in una giornata di buona visibilità una imbarcazione o zattera di salvataggio ha buone probabilità di essere avvistata dall'aria ad una distanza rispettivamente di 2 o 1 mg; tali distanze diminuiscono leggermente per avvistamenti da parte di navi. Esse possono essere ulteriormente inferiori in caso di cattive condizioni meteo e ridotta visibilità;

Per attirare l'attenzione di aerei e navi, i mezzi di salvataggio sono dotate di apposite apparecchiature. Queste sono:

- Apparato radio portatile (*udibile fino a 200 mg*), EPIRB satellitare, Radar Trasponder SART; (*parleremo più dettagliatamente in un altro capitolo*)
- Per segnalazioni notturne: razzi visibili fino a 20-30 mg e fuochi a mano visibili fino a 10 mg;
- Per segnalazioni diurne: segnali fumogeni, visibili fino a 10 mg.;
- Eliografo.

Modalità d'impiego dell'eliografo

I raggi del sole riflessi dallo specchio di un eliografo possono essere avvistati fino a distanze di 30 mg in buone condizioni di visibilità. In una giornata di sole e senza foschia questo probabilmente è uno dei più efficaci segnali visivi disponibili. Esso è molto facile da impiegare quando il sole è nella stessa direzione del bersaglio. Sin dall'arrivo sul mezzo di salvataggio occorre esercitarsi nell'uso dell'eliografo in modo da esserne familiare in caso di necessità.

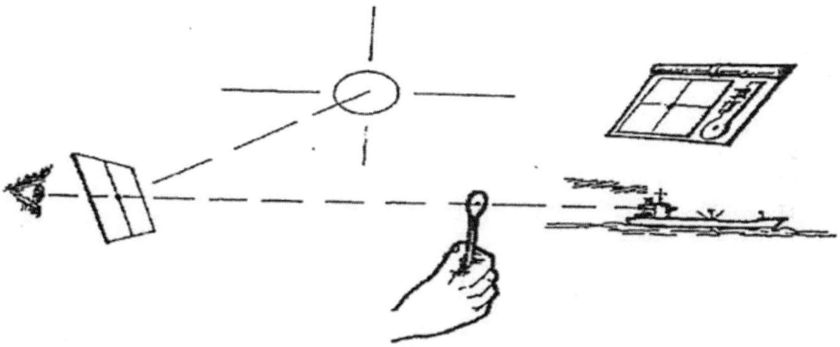

Fig. 18

Tentare di lampeggiare ripetutamente in direzione del bersaglio. Tale effetto è normalmente ottenuto con il semplice movimento del mezzo di salvataggio. Se si ascolta il rumore di un aereo, senza essere in grado di vederlo, lampeggiare nella sua direzione.

Se si pensa che la ricerca sia già in corso lampeggiare tutto intorno all'orizzonte ad intervalli regolari.

La torcia di segnalazione per l'impiego notturno è visibile fino a circa 5 mg.

Una luce a lampi intermittente viene avvistata più facilmente; pertanto provare a trasmettere in codice *Morse*.

I nastri retro riflettenti rifletteranno la luce dei proiettori di navi e di aerei; quindi conveine lasciarli sempre scoperti.

I fischietti delle cinture dei mezzi di salvataggio possono essere utili in caso di cattiva visibilità.

ACQUA

L'acqua è essenziale per la sopravvivenza dei naufraghi. Le imbarcazioni di salvataggio hanno provviste di acqua pari a 3 litri per ogni persona che l'imbarcazione è abilitata a trasportare. Le provviste nelle zattere sono invece di 1 litro e mezzo per ogni persona.

DISTRIBUZIONE DELLE RAZIONI DI ACQUA

Durante le prime 24 ore non distribuire acqua, ad eccezione dei malati e dei feriti;

- Una razione giornaliera di mezzo litro può essere distribuita successivamente. Si raccomanda che la razione giornaliera sia divisa in tre somministrazioni di 160 ml., all'alba, a mezzogiorno ed al tramonto.

La razione deve essere bevuta lentamente.

COME INCREMENTARE LE RISERVE DI ACQUA

L'acqua piovana è la sorgente principale di approvvigionamento. Le vedette devono essere istruite di informare i naufraghi dell'avvicinarsi della pioggia in modo da permettere loro di prepararsi a raccoglierla;

- Nelle zattere (liferafts) la copertura ha canali di scolo che portano l'acqua piovana nell'interno dove essa può essere raccolta in contenitori;
- Occorre ricordare che la pioggia iniziale laverà la copertura dal sale ed eventuale sporco. Perciò quest'acqua va scaricata o conservata per pulire in seguito la copertura stessa;
- L'acqua può essere anche condensata nella parte inferiore (interna) della copertura. Conviene quindi raccogliere quest'acqua con spugne o panni da usare solo per questo scopo e fare attenzione a non contaminarli con acqua di mare.

CIBO

Il cibo non è essenziale per la sopravvivenza per un tempo breve. Comunque esso fornisce energia al corpo che, in questo modo, economizza acqua.
Esso è anche importante per il morale dei naufraghi.
Il cibo per i mezzi di salvataggio è scelto in base alla quantità di acqua necessaria per la sua digestione.

SOMMINISTRAZIONE DELLE RAZIONI DI VIVERI

- durante le prime 24 ore non somministrare viveri;
- nelle zattere(*liferafts*) le provviste di viveri prevedono normalmente razioni giornaliere di 100 – 125 gr per persona;
- nelle imbarcazioni(*lifeboats*) le razioni giornaliere sono di 170 – 225 gr per persona;
- la razione giornaliera deve essere divisa in tre somministrazioni come per le razioni d'acqua;
- si suggerisce di aprire una scatola di cibo alla volta.

COME INCREMENTARE LE RISERVE DI VIVERI

- sorgenti addizionali di cibo sono: pesci, uccelli, alghe, tartarughe, crostacei, ed a volte plankton;
- è ESSENZIALE che i naufraghi capiscano che è di importanza vitale avere disponibili RISERVE AGGIUNTIVE DI ACQUA prima di consumare questi cibi.

PESCE

- Alcuni attrezzi per la pesca (*fishing kit*) fanno parte delle dotazioni dei mezzi di salvataggio;
- la maggior parte dei pesci pescati in mare aperto è commestibile; i tipi pericolosi hanno normalmente spine e pungiglioni sporgenti: (*razze, tracine, scorfani, spinaroli ed altri*). Questi non devono essere toccati perché possono contenere potenti veleni.

I pericoli che incontra in mare il naufrago, sono gli animali che aggrediscono e possono arrecare danni agli uomini. Tra questi troviamo lo squalo, l'orca, le meduse ed i serpenti di mare.

Fig. 19

Fig. 20

Fig. 21

Fig. 22

Meduse

Provocano eruzioni cutanee e bruciore alla parte colpita. Se dovesse rimanere attaccata addosso una parte di medusa applicare alcool sulla zona interessata per uccidere le cisti non schiuse. In mancanza di alcool usare sabbia o una qualsiasi polvere. Una piccola digressione: i vecchi pescatori consigliavano di strofinare un po' della propria minzione. Non massaggiare la zona della puntura con mani bagnate o panno umido perché si accentua il dolore.

Serpenti di mare

Il morso provoca: rallentamento del respiro, dolore, edema, astenia, confusione, convulsione e paralisi. Il trattamento è di non far muovere il paziente. Fare un incisione e succhiare il veleno da sputare subito. Lavare la ferita e sistemare un bendaggio delicato.
Immobilizzare la parte.

Pesci velenosi

Le punture di questi pesci causano un dolore intenso e straziante. La terapia è immergere la parte punta nell'acqua più calda che il paziente è in grado di sopportare. Su un mezzo di salvataggio questo è piuttosto improponibile, ma usando l'ingegno, si possono sfruttare le acque di scarico per il raffreddamento del motore per riscaldare l'acqua in qualche modo. Estrarre rapidamente la parte per evitare vescicole. Ripetere l'operazione se si ripresenta il dolore.

COME COMPORTARSI IN PRESENZA DI SQUALI

- Mantenere corpo ed arti con abiti coperti e scarpe, possibilmente di colore scuro.
- Stando in gruppo disporsi in cerchio con il volto rivolto verso l'esterno in maniera che ognuno diventi una vedetta.
- Allontanarsi, in presenza di squali, con movimenti lenti e cadenzati
- Non nuotare verso la sua direttrice di moto, ma alla sua destra o sinistra
- Se possibile non rimanere in acqua con ferite sanguinanti.

SE SI È SU DI UNA ZATTERA

- Con squali nelle vicinanze astenersi dal pescare.
- Non buttare rifiuti di cibo in mare.
- Non penzolare fuori bordo gambe o braccia.
- Decidendo di colpirlo, non per ferirlo ma per allontanarlo solamente, si miri al muso, alle branchie, agli occhi, se possibile non usando i remi ma qualsiasi altro corpo contundente.
-

SOSTANZE E MEZZI UTILIZZATI CONTRO GLI SQUALI

- ACETATO DI RAME, dimostratosi un buon repellente contro gli squali.
- NICROSIMA, sostanza che gettata in mare produce una chiazza di colore blu scuro, che impedisce l'avvicinarsi degli squali;

UCCELLI

Tutti gli uccelli marini sono commestibili, anche se sicuramente hanno un sapore poco gradevole.

ALGHE

Molte alghe sono commestibili seppure salate. Fare attenzione, non mangiare con esse crostacei o organismi che potrebbero essere velenosi.

TARTARUGHE

- Esse offrono una notevole quantità di cibo, se si riesce a catturarle.
- La bocca e le unghie delle zampe possono danneggiare le zattere autogonfiabili ed è perciò necessaria molta attenzione. Sulle imbarcazioni rigide questo problema non esiste.
- Portare la tartaruga a bordo e rovesciarla sul dorso: ucciderla tagliandole la gola.
- Il sangue è un buon nutrimento e può essere bevuto prima che si coaguli.
- la carne può essere seccata e le uova possono essere mangiate unitamente alle razioni di emergenza

Fig. 23

VADEMECUM DI COME PROLUNGARE IL TEMPO DI SOPRAVVIVENZA

“LA SOPRAVVIVENZA È DA UOMINI PRIMITIVI PREPARATI AD ESSERE UN PRIMITIVO”

Riassunto

- Mantieni il tuo mezzo di salvataggio vicino agli altri; possibilmente ormeggialo con una sagola a quello che ti precede e a quello che ti segue: zattere e lance raccolte insieme sono un obiettivo più grande e quindi più facilmente individuabile dai sistemi di avvistamento e dai mezzi di soccorso.
- Mantieni asciutta la lancia o la zattera.
- Appena a bordo assumi le pillole contro il mal di mare; il loro effetto eviterà che tu possa perdere liquidi attraverso il vomito.
- Mantieni chiuse le tende a difesa dal freddo e dalla pioggia.
- Proteggiti dal caldo e dal sole.
- Sfrutta tutte le sostanze che ti possono proteggere la pelle: olio lubrificante, grasso, pomate della farmacia di bordo ect.
- Indossa abiti asciutti possibilmente a più strati: è sempre meglio indossare un indumento congelato ma asciutto piuttosto che uno bagnato.
- Indossa, ove disponibili, coperte, tute termiche o da immersione.
- L’acqua è fondamentale per la sopravvivenza, non sprecarla: puoi fare a meno del cibo ma non dell’acqua!
- Incomincia a consumare le scorte d’acqua il più tardi possibile dal momento dell’abbandono della nave (*12/24 ore*).
- Se digiuni bruci grassi producendo acqua, questo in casi estremi, aumenta le possibilità di sopravvivenza.
- Quando bevete bagnate le labbra, fate piccoli sorsi, prima di deglutire tenete l’acqua in bocca.
- Evitate sforzi di sudorazione che provoca la dispersione dei liquidi.

- Non fumate anche se può aiutarvi psicologicamente; può però generare pericoli di incendio, provocare sintomi di nausea, aumentare la sete, creare situazioni di tensione con chi non sopporta il fumo.
- Dosa acqua, razioni e viveri per prolungare il tempo di sopravvivenza e non causare negli altri naufraghi il panico generato dalla mancanza di cibo e acqua.
- Se hai dubbi sulla commestibilità di ciò che hai mangiato provoca subito il vomito.
- Se masticando non si presentano gusti cattivi, pizzicore, sapore amaro o acido, saponoso o bruciante puoi ingerire il cibo che hai in bocca.
- Se hai a disposizione vitamine del gruppo B o C o farmaci digestivi o epatoprotettori puoi utilizzarli come razione e viveri.
- Mantieni la calma tra i naufraghi, comunica, con chi ti sta vicino, fiducia nei soccorsi e voglia di vivere.
- Mantieni alto il tuo morale, uno stato di depressione Ti impedisce di valutare la situazione e organizzare la sopravvivenza.

IMBARCAZIONI DI SALVATAGGIO

[Lifeboats]

REGOLA 11 – OGGETTI DI DOTAZIONE DELLE IMBARCAZIONI DI SALVATAGGIO

La dotazione normale di ogni imbarcazione di salvataggio deve essere la seguente:

- un completo numero di remi galleggianti per la voga di punta, due remi galleggianti di rispetto ed un remo galleggiante di governo; una serie di scalmiere o di scalmi assicurati alla imbarcazione con sagoletta o catenelle; un gancio d'accosto;
- una sassola e due buglioli di materiale approvato;
- un timone attaccato all'imbarcazione ed una barra;
- due picozze, una presso ogni estremità dell'imbarcazione;
- un fanale con olio sufficiente per 12 ore; due scatole di fiammiferi adatti, rinchiusi in un recipiente di stagno;
- uno albero o più alberi, con stralli di filo d'acciaio galvanizzato e vele di colore arancione;
- un efficiente bussola chiusa in una chiesuola, luminosa o munita di adatto mezzo di illuminazione;
- un cavetto fissato tutto intorno, a festoni, all'esterno dell'imbarcazione
- un'ancora galleggiante di dimensioni approvate;
- due barbette di lunghezza sufficiente. Una deve essere assicurata alla estremità prodiera dell'imbarcazione mediante uno stroppo tenuto da una caviglietta in modo da essere facilmente mollato e l'altra saldamente assicurata al dritto di prora dell'imbarcazione, pronta per l'uso;
- un recipiente contenente 4 litri e mezzo(1 gallone inglese) di olio vegetale o animale o di pesce. Il recipiente deve essere costruito in modo da permettere di espandere facilmente l'olio sull'acqua e da poter essere unito all'ancora galleggiante.

- Una razione viveri, per ogni persona che l'imbarcazione è autorizzata a portare. Queste razioni devono essere racchiuse in confezioni sotto vuoto e devono essere contenute in un recipiente stagno all'acqua;
- Dei recipienti stagni all'acqua, contenenti 3 litri di acqua dolce per ogni persona che l'imbarcazione è autorizzata a portare, ovvero bottiglie in plastica o in tetrapack; un mestolo inossidabile per acqua assicurato con una cordicella; un recipiente (bicchiere) per bere, graduato e inossidabile;
- Due segnali fumogeni galleggianti di tipo approvato(da impiegare nelle ore diurne) capaci di produrre fumo di colore arancione;
- Quattro segnali a paracadute;
- Sei fuochi a mano;
- Estintore d'incendio portatile (solo se l'imbarcazione è munita di motore);
- Una cassetta stagna di pronto soccorso;
- Una torcia elettrica, stagna all'acqua, atta ad essere utilizzata per trasmettere segnali dell'alfabeto *Morse*, con una serie di pile di riserva e una lampadina di riserva contenute in un recipiente stagno all'acqua;
- Un eliografo, di tipo approvato, per segnalazioni diurne;
- Un coltello da tasca con apriscatole, fissato all'imbarcazione con una sagoletta;
- Due leggere sagole galleggianti;
- Una pompa a mano, di tipo approvato;
- Una scaletta a tarozzi, due gaffe d'accosto;
- Un fischietto o altro mezzo sonoro equivalente;
- Un assortimento di attrezzi per la pesca;
- Indumenti di protezione termica;
- Manuale per la sopravvivenza in mare;
- Farmaco contro il mal di mare; sacchetti per il mal di mare;
- Un proiettore;
- Un riflettore Radar;
- Una tenda di tipo approvato, di colore ad alta visibilità, atta a proteggere dalle intemperie le persone nell'imbarcazione;
- Una copia della tabella illustrata dei segnali di salvataggio

CONSERVAZIONE DELLE DOTAZIONI

Tutti gli oggetti in dotazione di una imbarcazione di salvataggio, ad eccezione del gancio d'accosto, che deve rimanere libero e pronto per l'uso, devono essere convenientemente assicurati nell'interno dell'imbarcazione stessa. Le legature devono essere fatte in modo da assicurare la rizzatura degli oggetti in dotazione e tali da non ostacolare i ganci di attacco ai paranchi, né impedire il pronto imbarco nell'imbarcazione.

IMPIEGO DELL'ANCORA GALLEGGIANTE

L'ancora galleggiante delle imbarcazioni di salvataggio differisce leggermente da quella in dotazione alle zattere di salvataggio. Sulle imbarcazioni l'ancora galleggiante ed i relativi cavi di collegamento sono, normalmente, simili a quanto mostrato nel disegno che segue

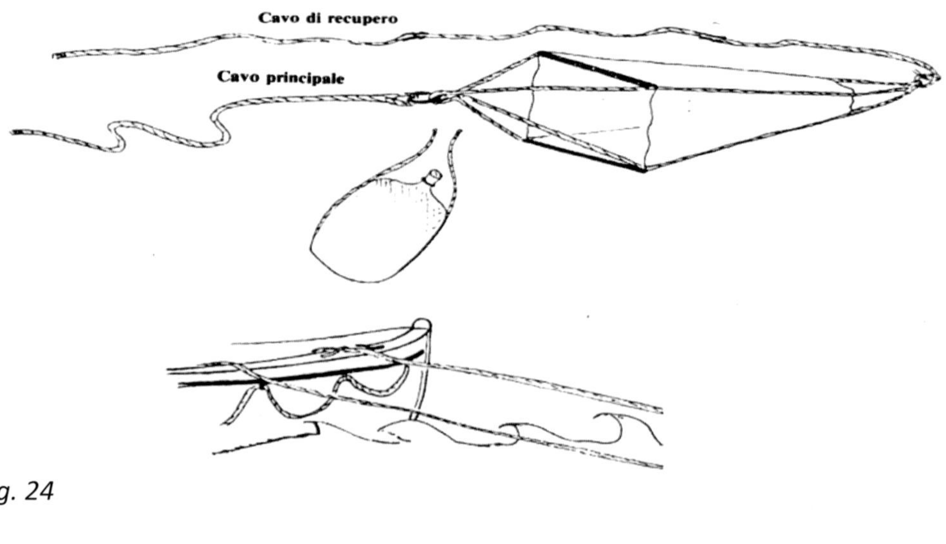

Fig. 24

La composizione di un equipaggiamento completo è la seguente:

- Un'ancora galleggiante di tela o di plastica con "bocca" rotonda o quadrata e di forma troncoconica o tronco piramidale. Sia dal lato più largo che dal lato più stretto quattro "briglie" portano ad un anello cui è possibile fissare (con un maniglione o una gassa) i cavi di collegamento; Un cavo principale (*di diametro di 25 mm.*) lungo circa tre volte la lunghezza dell'imbarcazione. Questo è collegato all'anello del lato più largo dell'ancora;
- Un cavo di recupero (*di diametro di 10 mm.*) lungo circa quattro metri in più del cavo principale. Questo è collegato all'anello del lato più stretto dell'ancora;
- Un contenitore di olio di plastica o di altro materiale, fatto in modo da poter essere riempito di olio e da poter essere legato al cavo principale del'ancora.
- Nella imbarcazione di salvataggio esiste anche l'olio vegetale o animale o di pesce che ha lo scopo di ridurre l'effetto del frangente delle onde. Con questo olio vegetale viene riempito l'apposito contenitore che deve essere legato all'ancora galleggiante come mostrato in figura

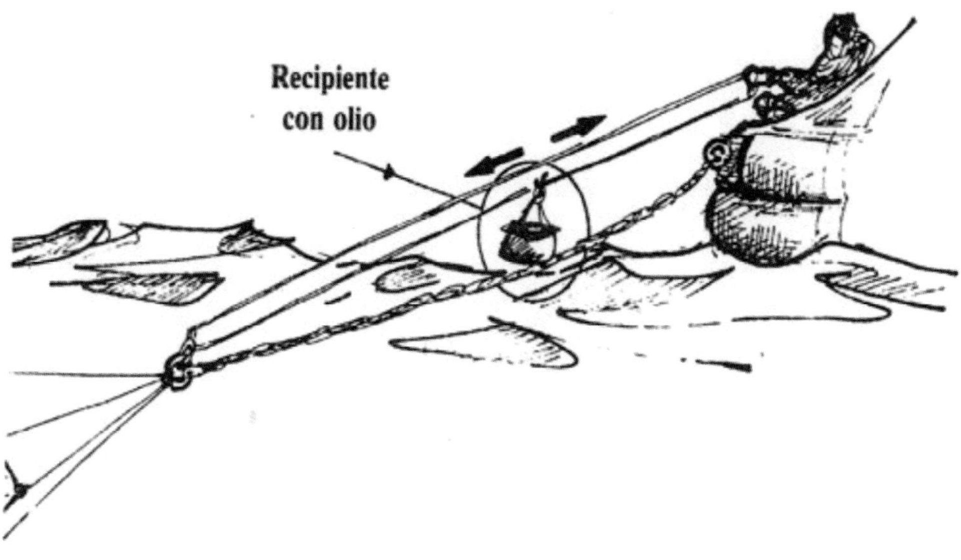

Fig. 25

In questo modo l'olio fuoriesce e si espande sulla superficie del mare creando una pellicola densa sulla cresta dell'onda che limita l'effetto del frangente. Per ottenere il miglior effetto bisogna regolare opportunamente la distanza del contenitore dall'imbarcazione e l'olio deve fuoriuscire dal contenitore (*spandi olio*) molto lentamente.
Per evitare la rottura del cavo principale, esso deve essere protetto dallo sfregamento contro i bordi dell'imbarcazione. Per recuperare l'ancora galleggiante occorre tirare il cavo di recupero; ciò farà ribaltare l'ancora con relativa riduzione della pressione dell'acqua sull'ancora stessa e renderà, quindi più agevole il recupero. Per riempire più di una volta di olio l'apposito contenitore e quindi di dover recuperare a tale scopo l'ancora, all'atto della messa a mare dell'ancora bisogna passare una cimetta attraverso il maniglione *(o anello)* esistente dal lato più largo dell'ancora e tenere i due capi di detta cimetta a bordo. Si sarà così creato un sistema funicolare cui è possibile legare il contenitore dell'olio che potrà essere recuperato, riempito e rimesso a mare senza dover rimuovere l'ancora.

<u>ALCUNE TIPOLOGIE DI IMBARCAZIONI DI SALVATAGGIO</u>

Una scialuppa (o imbarcazione di salvataggio) è un'imbarcazione studiata per consentire ai passeggeri e all'equipaggio delle navi di abbandonare il natante in caso di necessità.
Le scialuppe propriamente dette nelle moderne motonavi sono supportate o addirittura sostituite da autogonfiabili, che oltre ad occupare meno spazio a bordo permettono una migliore e veloce messa in acqua, velocizzando l'evacuazione. Vi sono due sistemi di evacuazione veloce: sistema (*M.E.S.*) Marine Evacuation System oppure sistema V.E.C. che vedremo nelle pagine seguenti

Fig. 26

Fig. 27

Scialuppe di salvataggio su di una nave passeggeri

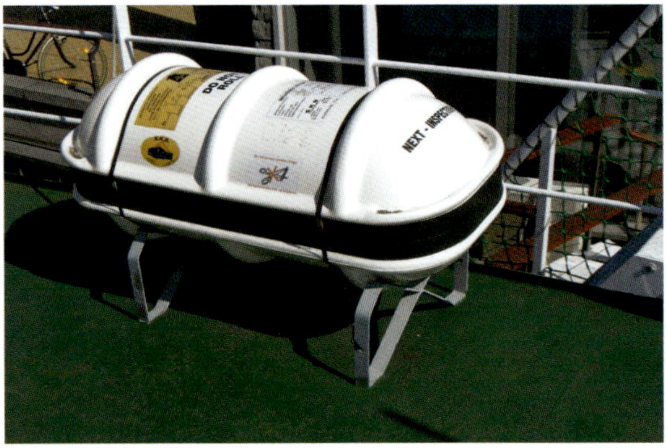

Fig. 28 Autogonfiabile di salvataggio, presente sui ponti delle navi

Fig. 29

Fig. 30

Fig. 31
Scialuppe di salvataggio a caduta con provviste e Impianto di raffreddamento della copertura

Fig. 32 Imbarcazione di salvataggio parzialmente coperta autoraddrizzante

Le imbarcazioni di salvataggio riconosciute dalla SOLAS si suddividono in quattro categorie:

- Imbarcazioni di salvataggio parzialmente coperte (*Reg.42*)
- Imbarcazioni di salvataggio parzialmente coperte autoraddrizzanti (*Reg.43*)
- Imbarcazioni di salvataggio totalmente coperte(*Reg.44*)
- Imbarcazioni di salvataggio dotate d'impianto di rifornimento d'aria (*Reg. 45*)
- Imbarcazioni di salvataggio resistenti al fuoco (*Reg. 46*)

Le imbarcazioni di salvataggio, totalmente ricoperte, comprendono anche quelle a caduta libera, quelle resistenti al fuoco (*GRP*) e quelle anche provviste dell'impianto di raffreddamento della copertura dello scafo con acqua nebulizzata.
Tutte le imbarcazioni di salvataggio parzialmente chiuse devono essere provviste di efficaci mezzi per lo sgottamento (anche automatico).
Una cintura di sicurezza deve essere fornita per ogni posto a sedere opportunamente marcato.

MESSA IN MARE DI UNA IMBARCAZIONE DI SALVATAGGIO

I sistemi di messa a mare dei mezzi collettivi di salvataggio possono distinguersi:

- Gru per imbarcazioni di salvataggio;
- Gru per zattere di salvataggio;
- Sistemi float - free (libero galleggiamento)
- Sistemi free - fall (caduta libera lungo un piano inclinato)

Fig. 33

Le imbarcazioni come nelle figure precedenti sono dotate di una piccola torretta, sopraelevata alla copertura, che permette al timoniere di osservare l'arco di orizzonte davanti a sé e di un motore, a combustione interna (Diesel), in grado di farla navigare ad una velocità di 6 nodi. Gli scafi, dovendo resistere anche all'attraversamento di una zona limitata di mare ricoperta da possibili fiamme, causate dalla combustione di prodotti per l'alimentazione del M.P. o trasportati, devono essere costruiti di materiale altamente resistente al calore(GRP - Reinforced Fire Retardant Polyester) e classificati come tali dai vari Registri di classificazione nazionali e internazionali. Per i free-fall l'equipaggio ed i passeggeri prenderanno posto in essa quando si trova ancora sulla rampa a bordo. Per miglior confort degli occupanti durante la fase della caduta libera in mare (per meglio dire catapultati) per ognuno di essi sono previste delle cinture di sicurezza, del tipo in uso sugli aerei, e che devono essere allacciate da tutti prima della fase di lancio in mare. Il ponte di comando di questi tipi di lance è quanto di più ergonomico possibile. Tutti i comandi sono accentrati ed a portata di mano del solo timoniere che, senza spostarsi o lasciare il timone della lancia, può portare a termine più operazioni in contemporanea. In essa vi è anche la possibilità di sistemare una barella tra le fila dei sedili.

Tutto il personale preposto deve andare alla stazione di imbarco. Devono essere indossati indumenti pesanti.

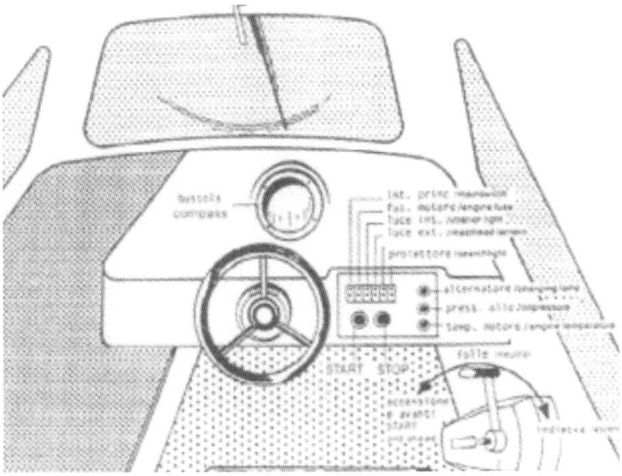

Fig. 34

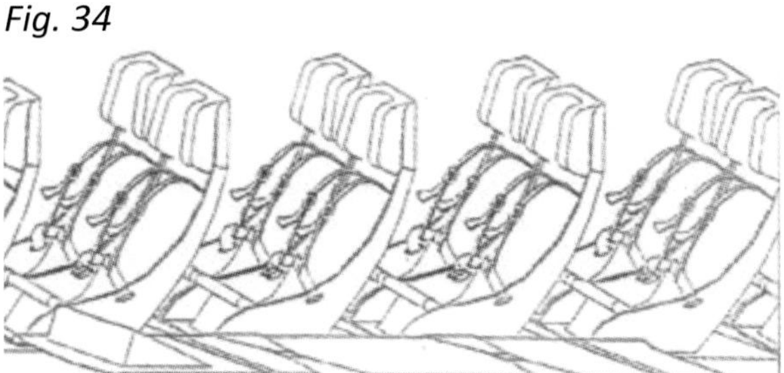

Fig. 35

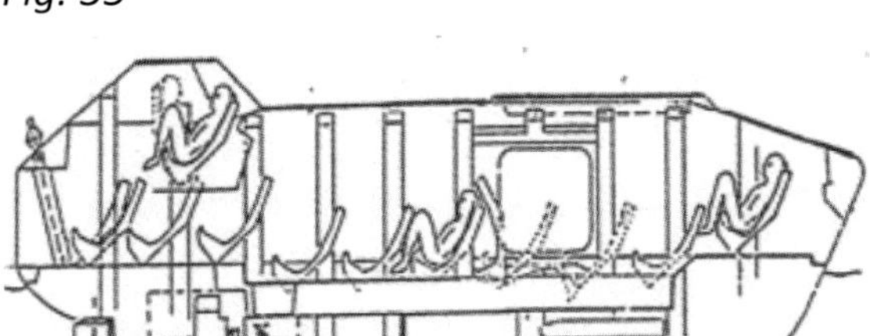

Fig. 36

Le cinture di salvataggio devono essere portate ma non indossate e sistemate tra le ginocchia e lo schienale del sedile anteriore. Allacciare la cintura di sicurezza sia al corpo che alla testa. All'interno dell'imbarcazione la barella deve essere fissata.
Riteniamo fondamentale l'osservanza delle seguenti disposizioni:

- Svolgere, controllare e capovolgere i tiranti dei paranchi delle gru ogni 2 anni.
- Sostituire i tiranti dei paranchi delle gru ogni 5 anni.

Esaminiamo ora le operazioni da ottemperare per la messa in mare di una scialuppa:
Se del tipo scoperto, per prima cosa bisogna provvedere a togliere le cappe che la ricoprono e poi si procede:

- aprire il cancelletto a murata;
- mettere la biscaglina fuori bordo;
- mollare le rizze in modo che la scialuppa possa rimanere in forza delle gru e dei paranchi;
- nello scivolo della gru rimuovere il perno o gancio di sicurezza;
- mettere gli aleggi, controllare le barbette che fuoriescono dalla scialuppa da ambo i lati, i cavi di avvicinamento, i paranchi di accosto;
- aprire il freno del verricello ed ammainare la lancia al livello del ponte d'imbarco.

Quindi con i cavi di avvicinamento, la si porta accostata a tale ponte specialmente se la nave è sbandata, procedendo all'imbarco dei passeggeri e dell'equipaggio destinato all'imbarcazione.

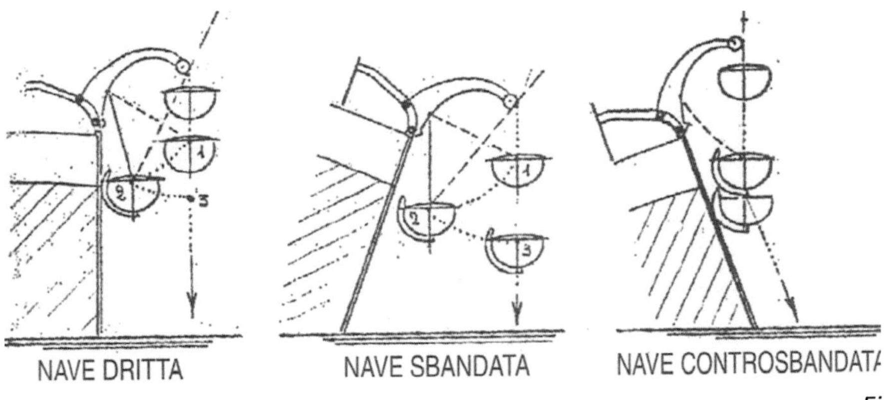

Fig. 37

BATTELLO DI EMERGENZA VELOCE (B.E.V.) O FAST RESCUE BOAT (FRB)

CARATTERISTICHE COSTRUTTIVE GENERALI DEI B.E.V. E RELATIVO EQUIPAGGIAMENTO

I FRB o BEV possono essere costruiti con due diverse caratteristiche:
RIGIDA e SEMIRIGIDA
Nel primo caso si intende costruito con un solo tipo di materiale (es. Alluminio). Nel secondo caso lo scafo può essere in alluminio e la parte superiore costruita da tubolari di gomma divisi in cinque settori muniti di valvola; in alternativa i tubolari possono essere pieni di materiale espanso.
Inoltre esso può essere:
Autoraddrizzante
- Raddrizzabile dall'equipaggio

Figg.38-39

Esso deve sviluppare una velocità di non meno di 20 nodi per almeno 4 ore con un equipaggio di tre persone.

- Deve sviluppare una velocità di non meno di 8 nodi a pieno carico di equipaggio e dotazioni.
- Deve essere in grado di sviluppare una velocità di non meno di 2 nodi rimorchiando la più grande zattera di salvataggio a pieno carico di persone e dotazioni.

Deve inoltre possedere:

- Una copertura rigida, a partire da prua, di lunghezza pari al 15% della sua lunghezza totale, in modo da poter mettere al riparo un eventuale naufrago;
- Un piccolo deposito stagno posto a pruavia sotto detta copertura;
- Un solo attacco per il gancio di sospendita, installato su una struttura omologata a sopportare
- Un peso 6 volte quello corrispondente al massimo carico.

CARATTERISTICHE E DOTAZIONI PARTICOLARI

- Fanali di navigazione;
- Quelli autoraddrizzanti. Dispositivo di auto raddrizzamento collegato ad una bombola CO^2;
- Un dispositivo di arresto automatico del motore collegato mediante laccetto al polso del timoniere nel caso il FRB dovesse rovesciarsi;
- Dispositivi di rimorchio (*bitte*) di materiale resistente al traino;

Fig. 40

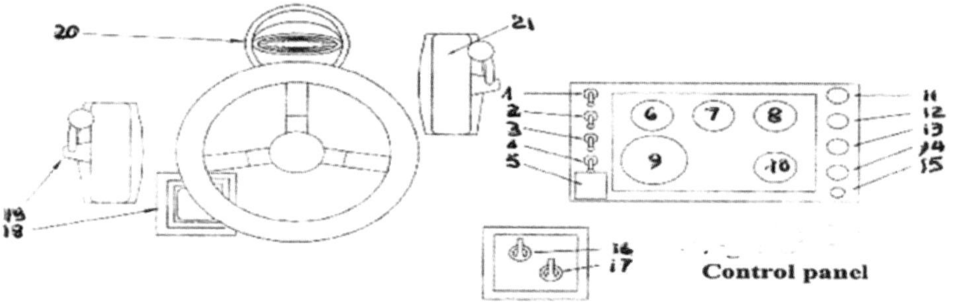

Fig. 41 – Schema pannello di comando BEV

1. Pompa di sentina
2. Luci di navigazione
3. A disposizione
4. A disposizione
5. Contatto per luce di ricerca
6. Temperatura dell'acqua
7. Pressione dell'olio
8. Voltimetro
9. Contagiri
10. Livello carburante
11. Interruttore principale
12. Pulsante di avviamento
13. Starter
14. Stop
15. Interruttore "Dead Man"
16. Interruttore batteria principale
17. Interruttore batteria di emergenza
18. Allarme
19. Acceleratore/Cambio
20. Bussola
21. Deviatore di corrente

PROCEDURE PER IL RADDRIZZAMENTO DI UN B.E.V.

Il BEV può essere di tipo autoraddrizzante, operazione che viene automaticamente svolta dal pallone anticapovolgimento posto in alto sulla struttura azionando l'attivatore automatico di raddrizzamento, posto a dritta del quadro di poppa. Nel caso di battelli non forniti di dispositivo auto raddrizzante, si attua la stessa tecnica utilizzata per il raddrizzamento di una zattera di salvataggio ovvero:

Fig. 42

- disporre il battello secondo la direzione del vento;
- puntare i piedi sul tubolare;
- impugnare la sagola di raddrizzamento e tirarla verso di sé;
- la forza del vento e quella dell'operatore sommate faciliteranno l'operazione.

Fig. 43

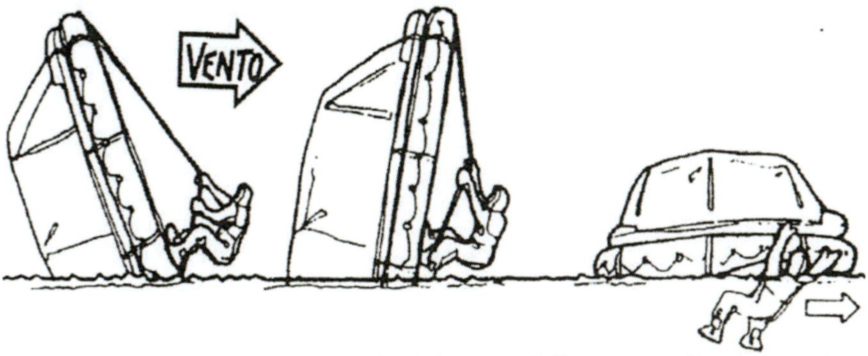

Fig. 44 Raddrizzamento manuale del BEV e della zattera di salvataggio

BATTELLO DI EMERGENZA VELOCE B.E.V.

Fig. 45-a

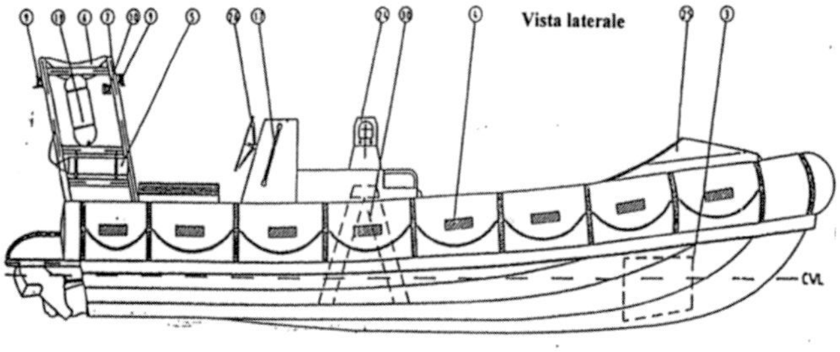

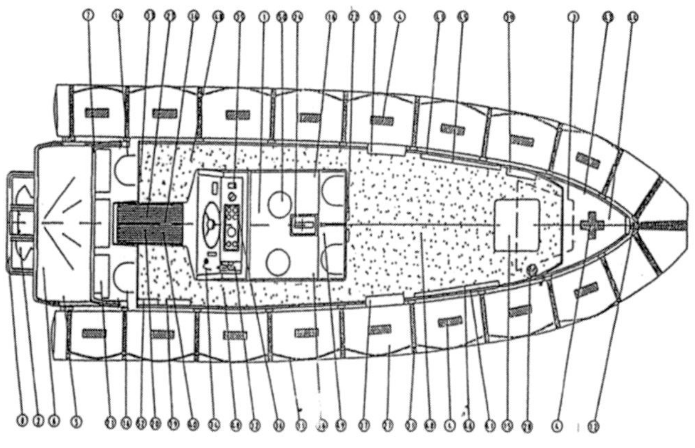

Fig. 45-b

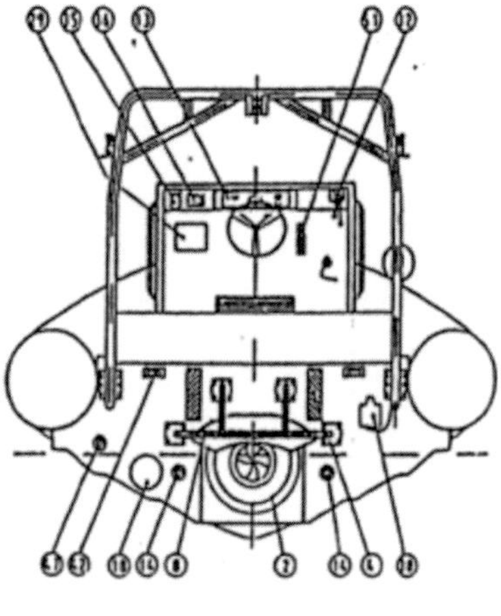

Fig. 45-c

SPECIFICA

POSIZIONE	QUANTITÀ	DEFINIZIONE
1	1	motore
2	1	jet ad acqua
3	1	tanica nafta
4	36	strisce riflettenti
5	1	estintore CO2
6	1	pallone anticapovolgimento
7	1	raddrizzatore automatico
8	1	struttura di protezione idrogetto
9	2	fanali di navigazione
10	2	fanali di via
11	1	sagola esterna
12	1	sgancio meccanico barbetta
13	1	pannello strumentazione
14	2	tubi deflusso acqua
15	1	boccaporto ispezione
16	5	posto a sedere
17	2	maniglia
18	1	scarico
19	1	riflettore radar
20	1	scatola fusibili
21	3	boccaporto ispezione
22	2	entrata aria motore
23	2	batterie
24	1	dispositivo di sgancio Kg 2.500
25	1	copertura di prora
26	1	timone
27	1	cintura di sicurezza
28	1	tappo serbatoio diesel
29	1	Vhf
30	1	struttura di sollevamento
31	21	cinghie protezione parabordi
32	1	controllo operativo
33	1	pompa sentina manuale
34	1	interruttore “uomo morto”
35	1	lampada di ricerca
36	1	bussola
37	2	attacco scaletta sn
38	1	attivatore autom. raddrizzamento
39	2	anello di salvataggio con sagola
40	1	interruttore batterie
41	1	sagola interna
42	2	anello di rimorchio
43	1	estintore 2kg
44	1	cassetta pronto soccorso
45	2	pagaia
46	1	gancio d’accosto
47	1	scarico pompa sentina
48		superficie antisdrucciolo
49	2	mamiglia
50	2	boccaporto stagno d’ispezione

PRECAUZIONI DI SICUREZZA DURANTE LA MESSA IN MARE ED IL RECUPERO DI IN BATTELLO DI EMERGENZA

- Rimuovere le cinture di ritenuta e le cappe protettive;
- assicurare la barbetta;
- controllare la chiusura del gancio al pescante della gru;
- verificare la messa in moto del motore;
- ordinare lo sbraccio ed il conseguente ammaino della gru quando tutti i componenti dell'armo abbiano occupato il loro posto, e indossato le dotazioni previste;
- una volta in mare con motore in moto, liberare il gancio togliendo prima lo spinotto inferiore poi quello superiore, liberarsi della barbetta, allontanarsi dalla nave. Per alcuni tipi di B.E.V. lo sgancio del pescante per l'ammaino avviene in automatico non appena il battello incomincia a galleggiare e a muoversi nei marosi.

Per il recupero del battello, avvicinarsi quando la nave abbia fornito il necessario ridosso:

- assicurare il gancio del pescante accertandosi che il cavo abbia sufficientemente imbando;
- assicurare la barbetta;
- equilibrare i pesi all'interno del battello e dare l'ordine di virare;
- utilizzare il mezzo marinaio per evitare che il battello urti contro lo scafo della nave.

PRONTEZZA NELL'USO DEL B.E.V.
E DEL RELATIVO EQUIPAGGIAMENTO

Le operazioni che rendono pronto all'uso un F.R.B. sono riassumibili nelle seguenti:

PER L'AMMAINO

- Togliere le cinture di ritenuta e ed aprire il coperchio della consolle ammaino/recupero;
- posizionare le leve opportune;
- azionare la pompa;
- abbattere le eventuali muratine e le eventuali selle;
- una volta ultimate queste operazioni, il battello può essere sbracciato fuoribordo con l'apposita leva (*o con il selettore all'interno del battello*). Alzare la leva del freno ed ammainare a velocità moderata;
-

Oppure per la discesa in mare l'equipaggio può utilizzare l'autoammaino.

PER IL RECUPERO

- assicurarsi che il battello sia agganciato;
- posizionare il selettore per il recupero;
- premere il pulsante azionando il verricello ed inizia il recupero fino al rientro a bordo
- riagganciare le cinture di ritenuta.

MONOVRE DI UN B.E.V.
IN CONDIZIONI METEOMARINE AVVERSE

Fig. 46

In condizioni meteo marine avverse il B.E.V. deve essere ammainato fino ad un punto appena fuori dall'acqua.
La parte finale dell'ammaino deve essere fatta in modo che il battello entri in acqua sulla cresta dell'onda. Il tempo di recupero a bordo del battello di emergenza non deve superare 5 minuti in condizioni meteomarine medie anche quando il battello è al completo di persone e dotazioni. Lo sganciamento può essere in automatico nel senso che il gancio venuto imbando si apre lasciando l'anello d'imbraco. Se non è in automatico allora l'operatore sul ponte dell'imbarcazione, dovrà azionare un dispositivo che compensa il cavo di ammaino, consentendo lo sgancio del battello.
Per la conduzione del battello, in presenza di mare grosso e vento forte il conducente dovrà sempre disporsi in modo da presentare la prua all'onda cercando di non farlo traversare al mare. Nel cavo dell'onda è opportuno rallentare il motore per poi accelerare quando la si sormonta.

SPIAGGIAMENTO DEI MEZZI DI SALVATAGGIO

Lo spiaggiamento dei mezzi di salvataggio può essere semplicissimo in presenza di coste sabbiose e condizioni meteorologiche ottimali, ma altrettanto difficoltoso o addirittura pericoloso in presenza di coste rocciose e in condizioni meteo avverse.
La prima difficoltà è quella di individuare il punto più ottimale per lo spiaggiamento evitando punti con costa alta, rocciosa o con secche in vicinanza della riva.

Spostamento dei mezzi di salvataggio

Nessun problema nel caso di imbarcazioni a motore o a remi.
Con le zattere di salvataggio il problema diventa arduo ma è possibile muoversi utilizzando sia le pagaie in dotazione sia le ancore galleggianti.

Avvicinamento alla riva

In ogni caso è da tenere in considerazione che il mezzo di salvataggio una volta arrivati a terra ha svolto il suo compito e quindi anche se si dovesse danneggiare nelle operazioni di spiaggiamento potrebbe non compromettere il buon esito.

Con imbarcazioni di salvataggio

Cercare di cavalcare l'onda più alta con il risultato di far incagliare il mezzo più all'interno possibile, in ogni caso non farlo traversare ai marosi che si infrangono sul basso fondo. Può essere utile appoppare il mezzo spostando gli occupanti da prora verso poppa.

Con zattere di salvataggio

Usare le ancore galleggianti in modo da ridurre la velocità di impatto sulla riva. Anche in questo caso può essere utile spostare gli occupanti la zattera verso il lato di mare aperto in modo da favorire l'arrivo della zattera più all'interno possibile. Chiudere le aperture della zattera dal lato di provenienza delle onde.

DOTAZIONI DI SICUREZZA DEL B.E.V. (R.F.B.)

- n.1 Bussola con illuminazione
- n.1 Coltello galleggiante
- n.1 Sassola
- n.1 Barbetta
- n.1 Ancora galleggiante con sagola
- n.2 Pagaie
- n.1 Cavo di rimorchio di lunghezza mt.50
- n.2 Sagole galleggianti con anello
- n.1 Gancio d'accosto
- n.1 Bugliolo
- n.4 Cinture di salvataggio
- n.2 Indumenti di protezione termica
- n.2 Tute di immersione
- n.2 Estintori di cui 1 a CO2 ed 1 a polvere
- n.1 Flash light con batteria di riserva
- n.1 Cassetta di pronto soccorso
- n.1 Scaletta
- n.1 Kit riparazione motore
- n.1 Proiettore (con portata di 180 Mt. e raggio 18 Mt. e che assicuri il funzionamento per 6 ore di cui 3 continuative)

MANUTENZIONE, RIPARAZIONE DI EMERGENZA, GONFIAGGIO E SGONFIAGGIO DEI B.E.V. A CAMERA D'ARIA

Fig. 47

Il B.E.V. può essere anche costruito in versione semirigida e cioè con scafo rigido mentre la parte superiore costruita con tubolari gonfiabili, i quali devono essere suddivisi in 5 compartimenti, possibilmente di uguale volume *(→ vedi Figg. 45a, b, c)*, allo scopo di assicurare funzionalità del mezzo nel caso un comparto dovesse essere danneggiato. Per le piccole riparazioni è in dotazione un kit apposito.

ZATTERE DI SALVATAGGIO

La zattera di salvataggio deve essere costruita con materiali e nella forma che possa galleggiare almeno per 30 giorni con qualsiasi condizione di mare. Essa deve poter essere spinta in mare da 18 metri e galleggiare senza accusare danni nè deteriorare le dotazioni (qualora è prevista un'altezza di uso maggiore deve assorbire la caduta con le stesse garanzie). Essa deve sopportare, senza inconvenienti, il salto di persone da almeno 4,5 metri. Tale mezzo deve poter essere rimorchiato a tre nodi di velocità con il carico completo di dotazioni, persone e con un'ancora galleggiante in mare.

Fig. 48

La zattera deve essere automaticamente coperta da una tenda, appena in galleggiamento, per protezione delle persone sistemate internamente.

Tale tenda:

- deve prevedere l'isolamento dal caldo e dal freddo a mezzo di una camera d'aria o sistema similare. Deve essere provvista di un meccanismo che eviti accumulo d'acqua nella camera d'aria;
- la camera di galleggiamento principale deve essere divisa in almeno due compartimenti, ciascuno munito di una valvola di non ritorno per il gonfiaggio di ciascun di essi. Le camere di galleggiamento devono essere suddivise in modo che, ove una fosse danneggiata e sgonfiata, la rimanente o le rimanenti devono consentire un bordo libero di sicurezza tale, in tutta la periferia, da sostenere tutte le persone previste, dal peso medio di 75 Kg, e sedute all'interno;

- deve consentire un sufficiente ricambio d'aria anche con gli accessi chiusi;
- deve essere provvista di almeno un oblò;
- almeno una delle entrate deve essere attrezzata con una rampa di accesso semirigida, capace di sostenere un peso di 100 Kg., per consentire ai naufraghi di salire a bordo. Tale rampa deve essere costruita in modo da non creare danni alle camere d'aria. Nelle zattere che vengono ammainate, tale rampa deve essere posizionata al lato opposto della murata della nave e della barbetta di prua. Le entrate non fornite di una rampa, devono essere attrezzate con una scaletta il cui primo scalino sia 40 cm. al disotto della linea di galleggiamento. Deve essere previsto un sistema, all'interno del mezzo, che consenta alle persone di spingersi dentro;
- deve essere provvista di un mezzo per la raccolta dell'acqua piovana;
- deve essere dotata di un'attrezzatura che le consenta di sistemare un radar trasponder ad almeno un metro sopra il livello del mare.

Fig. 49

Le zattere di salvataggio possono essere di tipo lanciabili oppure ammainabili. Questo ultimo tipo offre il vantaggio ai passeggeri o ai membri dell'equipaggio di accedere direttamente a bordo dal punto di riunione per poi essere ammainate in mare.Ogni zattera del tipo lanciabile è assicurata a bordo alle selle di sostegno, con un disptositivo di sgancio automatico, detto **gancio idrostatico**. Questi permetterà alla zattera, in caso di affondamento della nave, di sganciarsi automaticamente. La sua profondità di sgancio va dal 1,5 a 4,0 metri. Il gancio idrostatico deve essere sostituito **ogni due anni**.

Le zattere di salvataggio devono essere sottoposte ad **ispezione annuale** presso le case costruttrici, le quali dovranno provvedere alla sostituzione di tutto il materiale scaduto in dotazione (fuochi; batterie per la torcia; medicinali; viveri; e quant'altro trovato non in buone condizioni.

Fig. 50

L'agente, o la casa costruttrice, a fine revisione, dovrà riportare la zattera sulla nave insieme ad un nuovo certificato attestante la validità e la data di prossima scadenza annuale. Nell'ambito della circolare Solas III, 20.11, riferita all'ispezione obbligatoria di scialuppe e sistemi di ammaino, questi devono essere ispezionati, anche ogni cinque anni. Per i sistemi di ammaino è previsto la prova di tenuta, mentre per la scialuppa il pieno carico più il 10%.

DOTAZIONI

Le dotazioni di cui ogni zattera deve essere fornita sono:

1. Una scaletta (a tarozzi) per l'imbarco.
2. Un anello di soccorso galleggiante con una sagola, pure galleggiante di almeno 30 mt.
3. Due coltelli galleggiante a manico, del tipo non a serramanico, assicu rato con sagoletta in una tasca all'esterno della tenda ed in prossimità della barbetta.
4. Le zattere per dodici persone devono avere una gottazza. Quelle più grandi due gottazze.
5. Due spugne.
6. Due ancore galleggianti ciascuna legata ad un leggero, ma resistente cavo. Una è di rispetto e l'altra deve essere attaccata al fondo della zattera ed attivarsi appena il mezzo è gonfiato e galleggia, per tenere sempre orientata nel vento la zattera.
7. Un corredo per il primo soccorso contenuto in un recipiente stagno.
8. Due pagaie galleggianti.
9. Tre apriscatole.
10. Un fischio o segnale equivalente.
11. Quattro razzi a paracadute.
12. Sei fuochi a mano.
13. Due segnali fumogeni galleggianti.
14. Una torcia elettrica impermeabile atta a segnalazione morse, con set di batterie e di lampade di riserva.
15. Un riflettore radar o di un radar trasponder.
16. Uno specchio per le segnalazioni diurne con annesse istruzioni per l'uso.
17. Una copia della tabella dei segnali di salvataggio.
18. Un assortimento di attrezzi per pescare.

19. Una razione di viveri di non meno di 10000 kj per ogni persona, conservata in pacchetti stagni all'aria e stivati in contenitori stagni all'acqua.
20. Un recipiente stagno all'acqua, contenete 1,5 litri di acqua per persona.
21. Un bicchiere inossidabile graduato.
22. Farmaci contro il mal di mare sufficienti per48 ore di mare ed una vomiterola per ogni persona.
23. Manuale per la sopravvivenza.
24. Istruzioni per interventi di emergenza.
25. Indumenti di protezione termiche per almeno il 10% delle persone, e non meno di due.
26. Una tenda.
27. Una lampada comandata a mano alimentata da una cella, alla sommità della tenda.
28. Una barbetta efficace.
29. Una barbetta intorno alla zattera di salvataggio.
30. Un salvagente anulare con sagola.
31. Due sassole

Le dotazioni su riportate costituiscono un *SOLAS "A" PACK*, che deve essere scritto in alfabeto latino sul contenitore.
Qualora i viaggi cui è destinata la nave siano di durata breve, alcune dotazioni possono essere ridotte o rimosse a giudizio dell'Autorità. In tale caso si riporta sul contenitore la scritta in alfabeto latino *SOLAS "B" PACK*.
Le dotazioni devono essere ben assicurate all'interno della zattera e poter galleggiare nell'acqua per almeno trenta minuti senza danneggiarsi.
La zattera di salvataggio non porta come l'imbarcazione di salvataggio, scritto su di essa il nome ed il compartimento marittimo d'iscrizione della nave, ma su di essa una etichetta dove sono riportati il nome del costruttore, il numero di serie della zattera, ed il numero di persone trasportabili.

Fig. 51
Interno di una zattera di salvataggio

MESSA IN MARE DI UNA ZATTERA DI SALVATAGGIO

Le zattere di salvataggio sono alloggiate in un contenitore rigido, composto da due semi-gusci in resina sintetica ad elevata resistenza all'urto, generalmente di colore bianco, sono sistemate sui ponti della nave su appositi sostegni dette *"selle"*. Sono fermate alle selle mediante larghe cinture di tela gommata formanti una *"V"*, al cui vertice inferiore, è collegato il gancio idrostatico. Dal centro laterale del contenitore fuoriesce una sagola, detta *"barbetta"* che costituisce il cordone ombelicale tra la nave e la zattera. Ha lunghezza variabile tra i 15 e 25 metri. Comunque fuoriescono dai contenitori solo pochi metri di barbetta, mentre la restante lunghezza è sistemata nei contenitori stessi. Prima di lanciare una zattera in mare, è importante controllare che il capo della barbetta, esterno al contenitore, sia ben dato volta ad una parte fissa sulla nave.

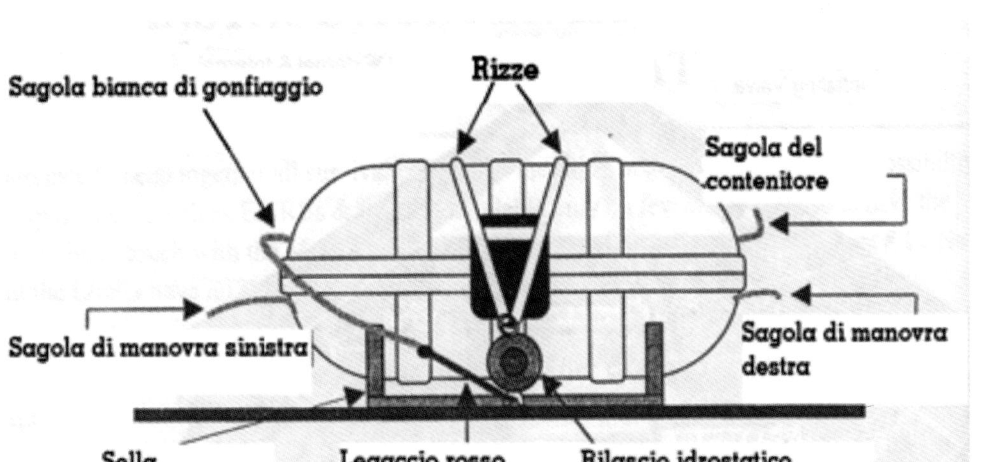

Fig. 52

Non appena la zattera toccherà la superficie del mare, il personale di bordo addetto, darà un vigoroso strappo alla barbetta, che causerà l'apertura a distanza della bombola di gas necessario al gonfiaggio automatico della zattera, rompendo le ritenute leggere che tengono insieme i due semi gusci che formano il contenitore.
La zattera deve essere gonfiata con gas non tossico. Il riempimento delle camere d'aria deve completarsi in 1 minuto alla temperatura di *18/20° C* ed in circa 3 minuti alla temperatura di meno 30° C. La zattera non deve deformarsi quando ospita tutti gli occupanti. Ogni compartimento deve sopportare almeno il triplo della pressione d'esercizio e deve avere un sistema che blocchi la sovrappressione a due volte quella regolare per mezzo di una valvola di sovrappressione o un limitatore nell'impianto di pompaggio. La zattera deve essere dotata di una pompa di gonfiaggio o di un soffietto per mantenere il giusto gonfiaggio.

CINTURE DI SALVATAGGIO

[Lifejackets]

Fig. 53

Le cinture di salvataggio sono dei dispositivi di protezione individuale studiati per salvare la vita umana. Il giubbotto deve: essere incombustibile, essere indossato, senza aiuto, da chiunque, in meno di un minuto; essere semplice da indossarsi; consentire al naufrago un salto di almeno *4,5 mt* senza procurargli infortuni e senza danneggiarsi; mantenere la bocca della persona ad almeno 12 cm sul livello del mare; raddrizzarsi in mare, da qualsiasi posizione, una persona incosciente nell'arco di cinque secondi e posizionarla in modo supino; non perdere più del 5% della sua galleggiabilità nelle 24 ore; consentire brevi nuotate; permettere di salire su un mezzo di salvataggio.

Un giubbotto può essere anche gonfiabile. In questo caso deve avere, oltre alle caratteristiche su descritte, le caratteristiche di gonfiarsi automaticamente, ed essere capace di gonfiarsi soffiando con la bocca. In tutti i casi mantenere la galleggiabilità anche se uno dei due compartimenti si sgonfia.

Fig. 54

Rimuovere il blocco (1) e ruotare in senso orario la parte (2) fino all'accensione della luce.

Fig. 55 Lampada bianca

Tutti i giubbotti di salvataggio devono essere corredati da:
Un fischietto

- Una lampada bianca della luminosità di 0,75 cd. con un'autonomia di otto ore ed essere visibile per il più ampio settore possibile (se la lampada è una lampada a flash deve essere munita di un interruttore e non avere lenti che concentrano il raggio di luce e lampeggiare ad una frequenza non superiore a cinquanta spot al minuto, con intensità minima di 0,75 cd.)
-

A bordo ci devono essere, adeguatamente e razionalmente sistemati, tanti giubbotti quanti sono le persone imbarcate, delle quali almeno un 10% del tipo per bambini sul totale delle cinture (Solas cap.III reg.7 para 2); in più devono esserci un 5% di giubbotti di rispetto in rapporto al massimo numero di persone trasportabili (Solas Cap.III reg. 21 para 2). Inoltre un adeguato numero di giubbotti salvagenti deve essere reperibile dal personale di guardia nelle vicinanze del loro posto di servizio ed un giusto numero di salvagenti deve essere sistemato nei pressi delle postazioni dei mezzi di salvataggio più lontane dai punti di riunione. Le lance o i mezzi di soccorso devono portare tanti giubbotti, quanti sono i membri dell'equipaggio previsti per la loro conduzione. Su ogni giubbotto deve essere posto un timbro indelebile con il nome della nave.

Manutenzione

I giubbotti devono essere frequentemente controllati e contati, particolarmente sulle navi passeggeri dove sono alcune migliaia. Nel controllo bisogna verificare se i fischietti non sono stati sottratti o le lampade manomesse. Quando sono stipati in cassoni o armadi devono periodicamente essere ventilati e spostati per evitare che siano danneggiati dalle muffe. Mai devono essere utilizzati per funzioni che non siano quelle cui sono destinati.

COME INDOSSARE LA CINTURA DI SICUREZZA

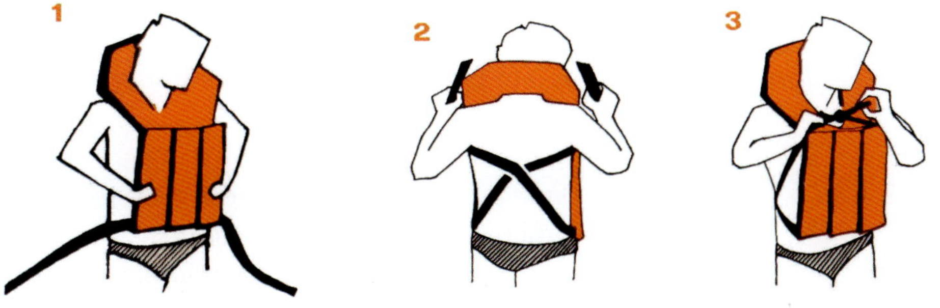

Fig. 56

1. Portare la cintura sopra la testa; introdurre la testa nel foro centrale;
2. Incrociare i legacci sul dorso e passarli sul davanti sotto le ascelle;
3. Annodare saldamente i legacci, al di sopra del materiale di galleggiabilità posto sul davanti della cintura
4.

Il materiale di galleggiabilità non è uniforme da ambo i lati ma è asimmetrico per permettere al naufrago, in caso di malore o svenimento, il capovolgimento della testa verso l'alto.

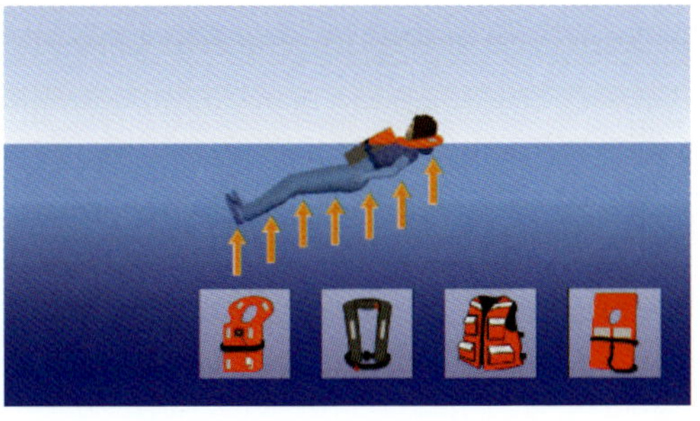

Fig. 57

Fig. 58

TUTA D'IMMERSIONE

Una tuta d'immersione deve essere costruita di materiale impermeabile ed avere i seguenti requisiti:

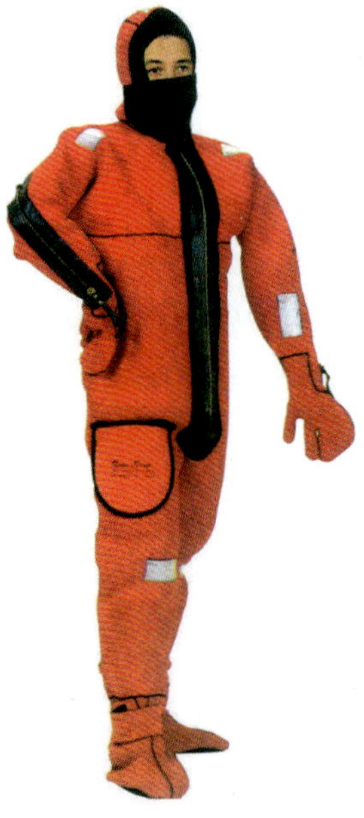

Fig. 59

- deve essere facilmente indossata, senza aiuto, da una persona in due minuti;
- deve sostenere una prova al fuoco di 2 sec.;
- deve coprire tutto il corpo escluso, il volto. Le mani devono essere coperte da guanti idonei;
- essere dotata d'opportuni dispositivi per liberare le gambe della tuta dalle bolle d'aria;
- può essere dotata dei dispositivi previsti dal giubbotto gonfiabile;
- deve, dopo essere stata indossata, consentire di affrontare una scala a pioli per almeno 5m;
- permettere tutte le operazioni da effettuarsi in caso d'abbandono nave;
- consentire, a chi la indossa, un salto di almeno 4,5m, senza infortunarsi e senza causare danni;
- se dotata di dispositivi di galleggiamento, essi devono garantire le prestazioni del giubbotto di salvataggio;
- deve consentire di indossare con facilità un giubbotto di salvataggio;
- se non è fatta di materiale termicamente isolante, deve contenere le informazioni sulla necessità ed il tipo d'indumenti caldi da vestire e

deve assicurare alla persona che la indossa, per almeno un ora, in acque calme a 5°c, che la temperatura interna non si abbassi oltre due gradi della temperatura corporea;

- una tuta d'immersione fatta con materiale termico isolante non deve consentire una diminuzione della temperatura del corpo di più di 2°c dopo un'immersione di 6h in acque calme la cui temperatura oscilla tra 0° e 2°c.;
- Una tuta d'immersione, dell'opportuna taglia, deve essere custodita in prossimità delle imbarcazioni di soccorso, per ogni persona destinata ad equipaggiarla nell'emergenza.

Fig. 60

Fig. 61

Fig. 62

Manutenzione

Sistematici controlli devono essere eseguiti sulla sistemazione e la conservazione. Vanno rispettate tutte le indicazioni ed istruzioni fornite dalla casa costruttrice.

INDUMENTO PROTETTIVO TERMICO
[TPA – THERMAL PROTECTION AID]

Fig. 63

Un indumento protettivo termico deve essere costruito di materiale impermeabile con una conduzione termica non superiore a 7800 W/(m2.K) e, realizzato in modo da ridurre la perdita di calore del corpo sia nel senso conduttivo sia evaporativo.

Tale indumento deve ricoprire tutto il corpo di una persona anche se indossa un giubbotto di salvataggio, lasciando libera la faccia. Le mani devono essere protette da guanti. Deve essere facilmente indossato, senza aiuto, anche in una imbarcazione di salvataggio o di soccorso.

Deve essere facilmente rimosso da dosso, in acqua, in meno di due minuti. La sua funzionalità deve essere assicurata nella banda di temperature dell'aria tra –30° C e +20° C.

Deve essere di colore arancione.

La dotazione di indumenti termici protettivi è del 10% delle persone destinate nei mezzi di salvataggio.

Manutenzione

La cura ed il controllo di tali indumenti è la stessa che si deve avere per ogni indumento o attrezzatura in materiale tessile o similare.

SALVAGENTE ANULARE

Fig. 64

Questo dispositivo è costituito da una ciambella di materiale galleggiante solido, dalle dimensioni minime di 80 cm di diametro esterno e 40 di diametro interno e non pesare meno di 2,5 Kg. Esso deve essere in grado di sostenere, durante il galleggiamento, un peso di ferro di kg 14,5 per almeno 24 ore. Deve assorbire una caduta in mare, da almeno 30 metri, senza subire danni. È corredato di una sagola di 9,5 mm di diam. fissata nella corona esterna in quattro punti, che formano quattro festoni.

Il numero di salvagenti anulari da installare a bordo dipende dal tipo di nave e dalla sua lunghezza. Distribuiti possibilmente, simmetrici ai lati della nave, sono sistemati ai bordi delle murate e facilmente accessibili; almeno uno deve essere in prossimità della poppa. Il 50% del totale deve essere munito di una lampada, capace di emanare una luce di due candele omnidirezionale con autonomia di almeno due ore.

Due salvagenti, uno per lato, devono essere dotati di sagola galleggiante, di 8mm di diam., di lunghezza di 30 metri e munite di boetta fumogena sistemate esternamente alle alette del ponte di comando delle navi onde permettere, in caso di allarme di uomo in mare il lancio tempestivo in mare delle stesse.

SEGNALETICA DI SOCCORSO

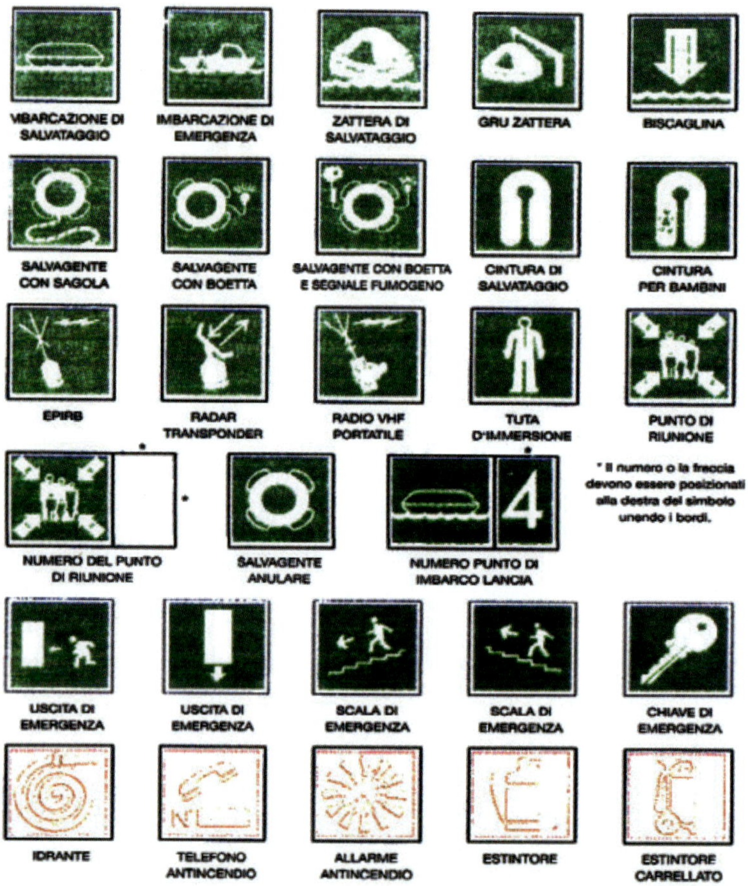

Fig. 65

L'impiego della segnaletica è finalizzata a fornire l'ubicazione delle varie installazioni di bordo nonché le indicazioni dei mezzi di sfuggita con avvertenze di rischi e pericoli. La segnaletica, è bene ricordarlo, non è costituita solo da cartelli, ma da un complesso di strumenti, canali comunicativi e modalità di interazione che si inseriscono nel sistema gestionale di bordo. La segnaletica ha colore e finalità comunicative.

I colori sono:

- Rosso – per l'antincendio, sicurezza, salvataggio o soccorso, divieto, pericolo
- Giallo – avvertimento
- Azzurro – prescrizione

RECUPERO E SALVATAGGIO DI UOMO IN MARE

In caso di avvistamento di un naufrago in mare accorgendosi della caduta di una persona dalla nave, bisogna avvisare subito il ponte di comando, gridando ripetutamente, UOMO IN MARE A (DRITTA O A SINISTRA), lanciando il primo salvagente anulare che trovasi sulla fincata della nave. Ogni persona che ode tale grido, lo ripete ad alta voce. L'Ufficiale di guardia sul ponte di comando controlla subito la posizione della nave, ordina subito di accostare dal lato cui è stato avvistato il naufrago, riduce la velocità, emette un fischio lungo di sirena, avverte il Comandante, fa boetta a doppio effetto fumogena e luminosa con sagola lunga 4 metri di 4 mm di diametro (Manoverboard – M.O.B.) che trovasi sull'aletta di ponte di comando lato naufrago. Esso ha un funzionamento automatico, si attiva quando viene lanciato in mare, producendo, di giorno, un fumo denso arancione per 15 minuti, mentre di notte produce una luce bianca per 2 ore. Il personale di guardia con binocolo cerca di avvistare e seguire il naufrago.

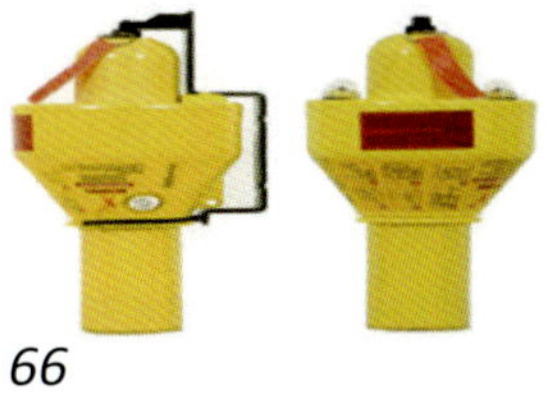

Fig. 66

Manovra Williamson.

Accostare subito di 60° sul lato della caduta del naufrago allontanando così la poppa dal naufrago in modo che questi non possa essere preso da eventuali vortici dell'elica; non perdere mai di vista il naufrago perché anche con piccole onde è estremamente facile perderlo di vista.

Mettere il timone sulla banda opposta, manovrando in tal modo il natante descriverà un arco completo tornando esattamente sul posto per il recupero del naufrago.

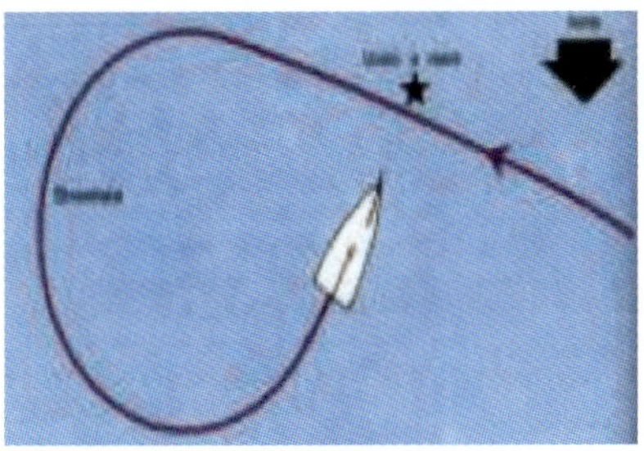

Fig. 67

La squadra preposta al recupero del naufrago, indossa i giubbotti di salvataggio e appronta, sbracciando fuoribordo, il battello di soccorso. In caso di mancato avvistamento del naufrago si effettuano ricerche con percorsi previsti dal manuale IAMSAR in dotazione sul ponte di comando, adottando lo schema più idoneo alla situazione meteo. Avvistato il naufrago, si ferma la nave ed il Comandante ordina l'ammaino sottovento del battello di soccorso (RB). Importante è portare con se e mettere in funzione il S.A.R.T. per consentire alla nave di seguire, con il radar la posizione del battello. Dalla nave si deve seguire la posizione del naufrago e attraverso il V.H.F. indirizzare su di lui il battello.
I tradizionali segnali con il fischio come già detti in precedenza sono:

Un fischio breve	accosta a dritta
Due fischi brevi	accosta a sinistra
Tre fischi brevi	alla via
Quattro fischi brevi	torna indietro

Raggiunto il naufrago, gli si lancia il salvagente anulare munito di sagola. Qualora il naufrago sia privo di sensi, se dal battello non è consentito issarlo a bordo a braccia, uno dei membri della squadra di soccorso, si tuffa in acqua e porta il naufrago sotto il mezzo aiutato dalla sagola e, con molta cautela, lo si issa a bordo. Appena sistemato sul battello, con i piedi più alti della testa, gli si slacciano i vestiti e le scarpe e lo si avvolge nella tuta termica, praticando così i primi soccorsi, evitando di farlo raffreddare per non aggravare un eventuale processo di ipotermia.
Se il naufrago durante la caduta in mare ha riportato lesioni ossee lo si adagia sulla barella stando in acqua, e lo si issa sul battello veloce per poi trasbordarlo sulla nave come illustrato nella figura accanto. Tenendo presente che ogni istante di ritardo può essere fatale a chi si trova in mare per essere salvato, le operazioni di salvataggio devono svolgersi con prontezza e decisione.

Fig. 67

Se l'intervento è immediato ci troveremo di fronte a chi ancora si dibatte in cerca di appoggio per potersi mantenere a galla e respirare. Non si pensi che un buon nuotatore automaticamente diventi un buon salvatore. Un salvataggio in acqua è sempre una operazione rischiosa e piena di imprevisti. Se dunque non si conosce la tecnica di avvicinamento con le relative prese, potrebbe capitare che il naufrago afferri violentemente il soccorritore avvinghiandoglisi e mettendolo, in pericolo. Il presupposto logico e imprescindibile è che il salvatore deve, in ogni momento, proteggere la sua salvezza se vuole quella di chi è in pericolo.

COME INDOSSARE LA CINTURA DI SICUREZZA

Prese ai polsi e relativa liberazione

Fig. 68

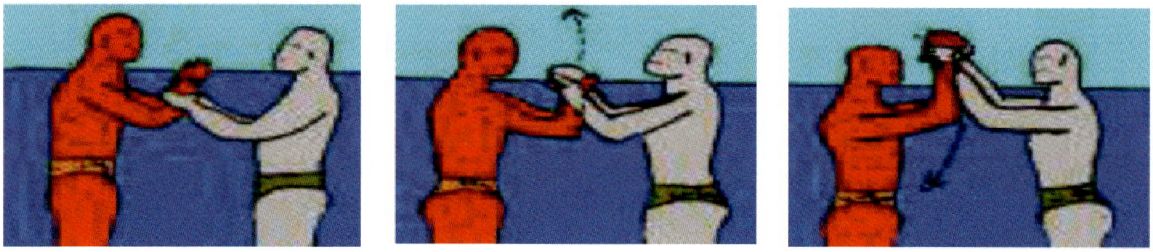

Il soccorritore alzerà repentinamente e con decisione le sue braccia verso l'alto, trascinandosi anche quelle del naufrago e poi le abbasserà, tenendo le sue mani ben strette esternamente ai polsi del naufrago e con la stessa decisione aiutandosi, con un ginocchio, a tenere lontano da sé il naufrago.
Questi movimenti, se fatti con decisione, unitamente al levismo applicato alle braccia, otterranno sicuramente l'effetto voluto cioè, l'abbandono della presa da parte del naufrago *(→ vedi Fig. 68)*. Non appena questa operazione sarà completata, il soccorritore si disporrà nella corretta posizione per il trasporto del naufrago, che vedremo in seguito.

Presa al collo e relativa liberazione

Il soccorritore, in questo caso, dovrà cercare di liberarsi, abbassando la testa e facendo leva con le mani chiuse a pugno sul torace del naufrago ed allontanandolo da sé però senza procurargli del male *(→ vedi Fig. 69)*.

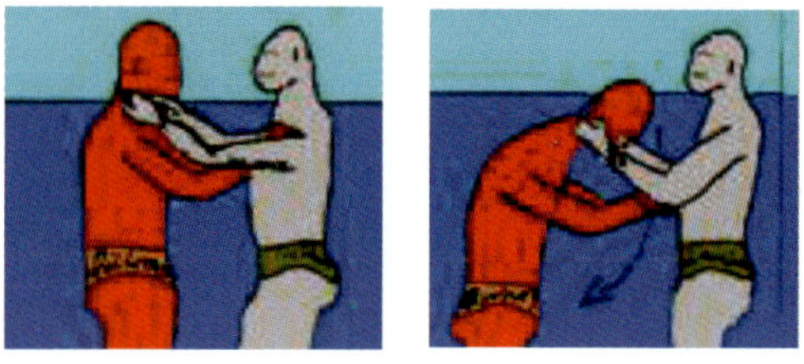

Fig. 69

Alle fine di questa operazione si potrà adottare le tecnica per il trasporto più confacente al caso.

Presa alla nuca e relativa liberazione

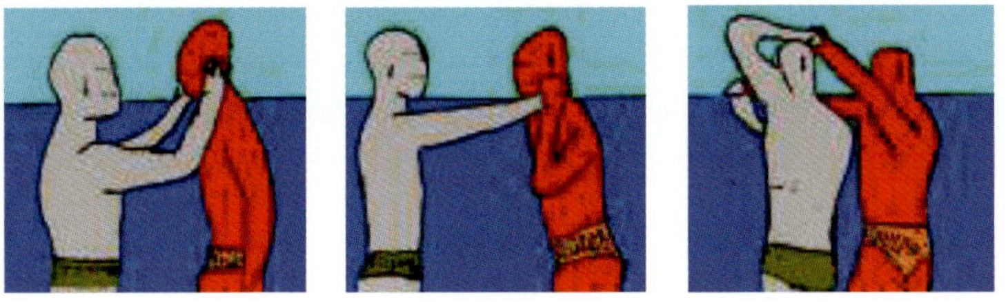

Fig. 70

In questo caso il soccorritore agguanterà i mignoli delle due mani del naufrago che serrano, come in una morsa, la nuca e li divaricherà verso l'esterno. Questa mossa procurerà dolore e disagio e quindi il naufrago abbandonerà la presa.
Non appena la presa sarà stata abbandonata il soccorritore tenendo ancora stretti i mignoli con le sue mani, girerà di spalle il naufrago e inizierà l'operazione di trasporto idoneo.

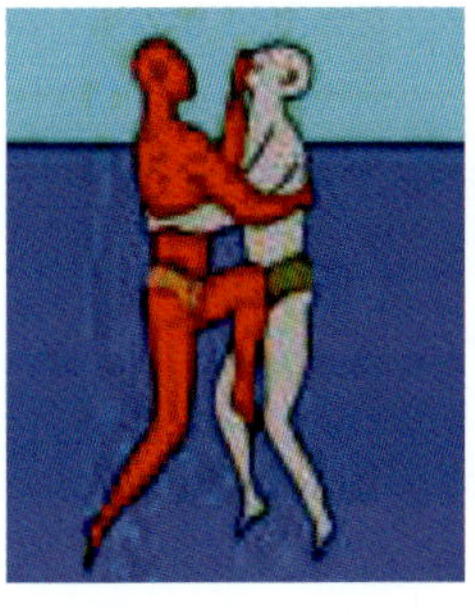

Fig. 71

Presa al busto con le braccia libere e relativa liberazione

Il soccorritore, in questo caso, dovrà mettere una mano dietro al corpo del naufrago e fare leva, con essa, dietro alle sue spalle. Con le dita dell'altra mano, invece, otturerà il naso e con il palmo della stessa mano assicurerà l'otturazione della bocca del naufrago e, contemporaneamente, cercherà di spostargli la testa all'indietro e, se necessario, facendo uso del proprio ginocchio per tenerlo lontano da sé senza però procurargli del male (*Fig. 71*).
In conseguenza di questa spinta all'indietro della testa e con l'altra mano che fa leva dietro alle spalle, il naufrago preoccupato per la cattiva respirazione, causata dall'otturazione con la mano delle vie respiratorie, sicuramente abbandonerà la presa, dando la possibilità al soccorritore di portare a termine il soccorso adottando la tecnica di trasporto più idonea al caso.

Presa al busto con le braccia bloccate a relativa liberazione

Agitandosi, alternativamente a destra ed a sinistra, il soccorritore dovrà trovare il modo di portare una sua mano dietro la schiena e l'altra mano sul naso e sulla bocca del naufrago, come nel caso precedentemente trattato.
Queste in breve le tecniche di liberazione; passiamo ora a quelle riguardanti il trasporto, altrettanto rischiose e con conseguenze imprevedibili.
Prima di addentrarci in queste tecniche del trasporto è bene fare prima delle considerazioni e cioè:

Il soccorritore può avvicinarsi al naufrago e quest'ultimo essere in grado di

1. saper nuotare, ma non essere in condizioni di poterlo fare perché, o sofferente di crampi muscolari, o perché stanco o perché colpito da malore. Dopo tutto, però egli è obbediente e calmo,
2. è svenuto o già asfittico,
3. si dibatte poco,
4. si dibatte, viceversa, molto.

Da questa premessa si possono trarre le conclusioni sul sistema più adatto per effettuare il trasporto del naufrago e quindi completare l'operazione di salvataggio.
La cautela e le precauzioni, nell'avvicinarsi ad un naufrago non sono mai troppe; bisogna quindi, qualunque sia il criterio di trasporto scelto, che egli sia avvicinato sempre dal lato posteriore o dorsale.
Il salvatore potrà nuotare sul dorso, sul fianco o anche di petto o fare uso, per il suo movimento, delle sole gambe, le gambe ed un solo braccio o, infine, sia le gambe che le braccia.
È di vitale importanza che il soccorritore incuta, al più presto possibile, al naufrago la sicurezza e la fiducia necessaria per poter portare termine, nel modo migliore l'operazione di salvataggio.
La padronanza e la conoscenza del da farsi da parte del soccorritore farà si che il naufrago risponderà in pieno alle richieste del soccorritore, vedendo in esso il suo salvatore. Come già anticipato e descritto per la fase del salvataggio anche per la fase del trasporto è bene ricordare che il soccorritore pensi, prima di tutto, alla sicurezza personale e poi a quella degli altri.
Il non volere rispettare questa regola potrebbe significare la perdita, non di una, ma di due vite umane in mare.

Trasporto di naufrago sofferente da crampi muscolari, stanco o colpito da malore

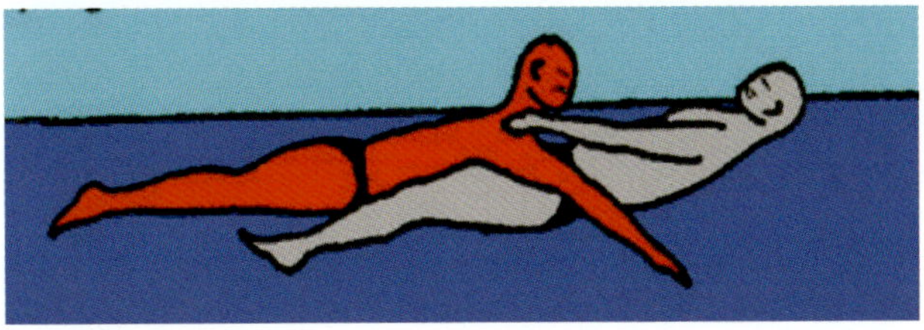

Fig. 72

Questo è l'unico caso in cui il soccorritore potrà avvicinarsi al naufrago guardandosi in volto l'un l'altro.

Assicuratosi della situazione esistente, il soccorritore ordinerà al naufrago di poggiare le mani sulle sue spalle e di divaricare le gambe. Il soccorritore, a questo punto, nuotando a rana, con l'aiuto delle braccia e con le gambe spingerà, mettendo in movimento, il corpo del naufrago, come in figura 72.

Presa al capo con due mani, nuotando sul dorso

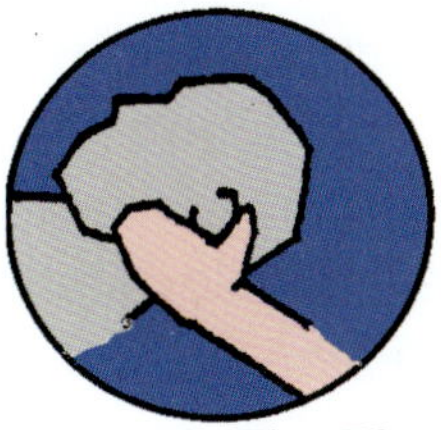

Fig. 73

Questo modo di trasporto si adatta ad ogni tipo di naufrago, sia esso calmo e tranquillo, sia che si agiti e si dimeni molto o, in preda a panico.

La spinta per il movimento, in questo caso, avverrà solo per l'effetto del movimento delle sole gambe del soccorritore, avendo egli le mani impegnate alla nuca del naufrago. Il naufrago girato sul dorso, viene preso dietro le orecchie con le sole quattro dita unite, mentre i pollici divaricati verso l'alto toccano le orecchie, che, comunque, vanno tenute libere da impedimenti causali.

(→ vedi Fig. 73-74)

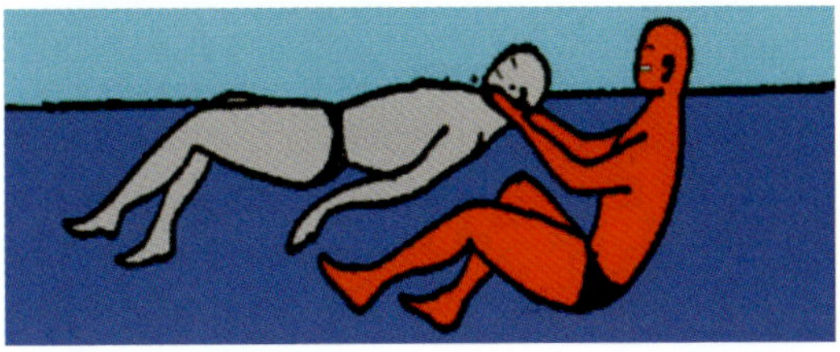

Fig. 74

Presa al petto con braccio passante sopra la spalla e nuotando di fianco

Questo sistema di trasporto infonde nel naufrago maggiore sicurezza e tranquillità, quasi che il contatto col corpo del soccorritore lo faccia essere certo che la salvezza è diventata una certezza. Il soccorritore nell'avvicinarsi al naufrago gli passerà il braccio destro sulla sua spalla destra e, con l'avambraccio che gli attraversa il torace lo stringe a sé e facendogli anche poggiare il capo sulla spalla. In tale posizione il naufrago avrà sempre la testa completamente fuori dall'acqua ed il soccorritore potrà nuotare con le gambe ed il solo braccio sinistro libero. Il suo fianco sinistro, comunque deve sempre rimanere a stretto contatto con la schiena del naufrago.
(→ vedi Fig. 75)

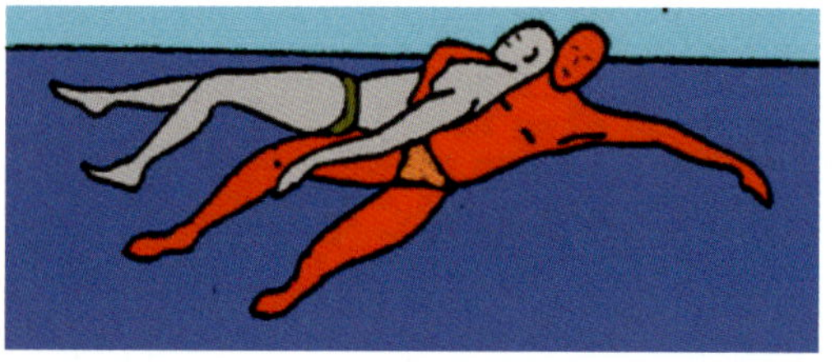

Fig. 75

Presa alle braccia al di sopra dei gomiti

Il soccorritore, avvicinandosi di schiena al naufrago, lo prenderà al di sopra dei gomiti divaricandogli le braccia all'altezza delle spalle per ottenere il massimo allargamento del torace e quindi una migliore respirazione. Il naufrago verrà trasportato sfruttando la sola spinta esercitata delle gambe del soccorritore
(→ vedi Fig. 76)

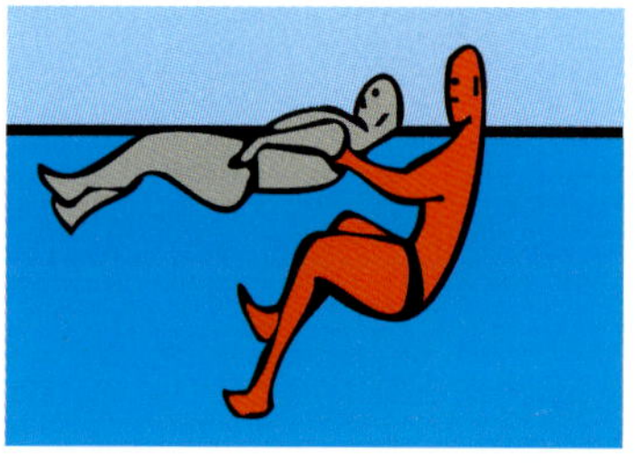

Fig. 76

Con la sola presa al mento

Il soccorritore, avvicinandosi di schiena al naufrago, agguanterà, a dita unite, il mento del naufrago e tenendo i pollici delle mani divaricati verso l'alto, lateralmente alle mandibole. In questo caso si trasporta il naufrago sfruttando la sola spinta esercitata delle gambe del soccorritore
(→ vedi Fig. 77)

Fig. 77

<u>Presa con "mezza ELSON" o con "doppia ELSON":</u>

Queste due prese sono quelle più comuni per il trasporto di naufraghi che si dibattono molto o in preda al panico.

La loro maggiore utilità è quella di immobilizzare le braccia e costringere alla calma il naufrago per poterlo, poi, trasportare per le braccia.

Il soccorritore avvicinandosi, sempre dal lato della schiena al naufrago, lo agguanterà per un braccio, al di sopra del gomito e passerà l'altro braccio, sotto l'ascella, fino a che la sua mano raggiunge la nuca del naufrago. Facendo pressione e leva sulla schiena si impedirà al naufrago qualsiasi movimento o gesto inconsulto. *(→ vedi Fig. 78)*.

Fig. 78

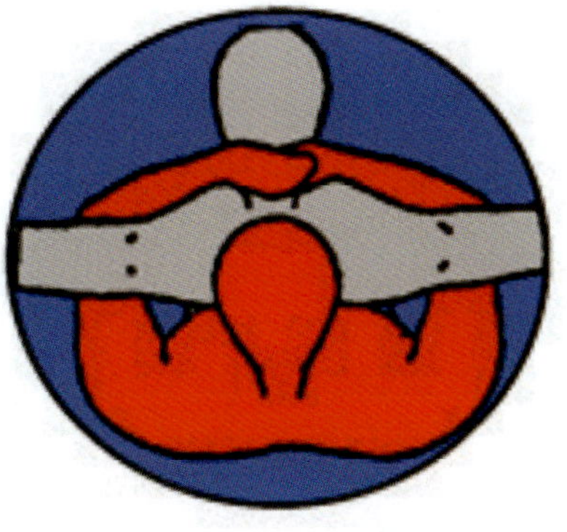

Fig. 79

Se questa presa non dovesse bastare perché il naufrago continua a dimenarsi, allora bisogna adottare il trattamento della *doppia Elson*.

Questa presa consiste nel far passare non una, ma entrambe le braccia sotto le ascelle e, facendo pressione e lava con le mani sul collo, si immobilizzeranno, completamente le braccia del naufrago *(→ vedi Fig. 79)*.

Non appena il naufrago su sarà calmato, si dovrà adottare la tecnica più adeguata per il suo trasporto al sicuro.

Trasporto e avvicinamento in immersione ad un naufrago

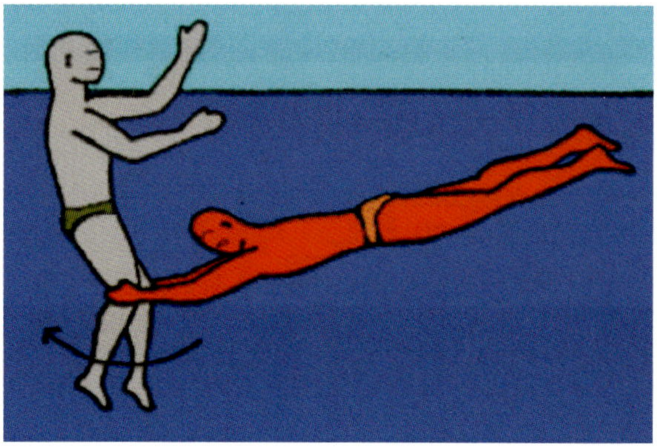

Fig. 80

In molti casi, a causa dei movimenti bruschi ed insensati fatti da parte dei naufraghi, è conveniente, per non mettere in pericolo la loro vita e quella dei soccorritori, adottare la tecnica dell'avvicinamento in immersione *(→ vedi Fig. 80)*.
Non appena raggiunto il naufrago lo si gira di schiena per poterne eseguire il trasporto con la tecnica più adeguata al caso.
Le tecniche sinora descritte di salvataggio e trasporto di un naufrago si riferiscono al caso di un singolo soccorritore. Le operazioni verrebbero di gran lunga facilitate e con maggiori possibilità in un rapido esito positivo, se ad esse potessero partecipare più soccorritori addestrati in operazioni di soccorso e salvataggio di vite umane in mare.

ATTREZZATURE RADIO DI BORDO SISTEMA GMDSS

Il sistema GMDSS (*Global Marittime Distess Safety System*), è un sistema mondiale di comunicazione e procedure di sicurezza e di soccorso, che impiega moderne tecniche di comunicazioni, avvalendosi di una estesa rete di comunicazione strutturata e coordinata.
La dotazione delle navi, degli apparati di radiocomunicazione, precedentemente veniva stabilita in funzione del tonnellaggio e del tipo di navi, con il sistema GMDSS viene determinata invece in funzione delle aree nelle quali si svolge la navigazione.
A tale scopo, i mari sono stati divisi in quattro aree:

- Area A1: è l'area coperta da una stazione costiera radiotelefonica VHF, che effettua servizio di ascolto continuo di chiamata selettiva digitale DSC;
- Area A2: è l'area coperta da una stazione costiera radiotelefonica MF, che effettua servizio di ascolto continuo di chiamata selettiva digitale DSC. Sono escluse le aree A1;
- Area A3: è l'area coperta dai satelliti geostazionari INMASART escluse le aree A1 ed A2;
- Area A4: è l'area situata al disopra dei paralleli 70° nord e sud (regioni polari) escluse le altre aree.
-

DSC (chiamata selettiva digitale)
La chiamata selettiva digitale DSC (Digital Selective Calling) è un metodo di comunicazione che utilizza tecniche digitali, e che consente la trasmissione e la ricezione delle chiamate di soccorso e di routine in modo automatico.

<u>Sistemi di Comunicazione</u>

- **VHF** radiotelefono nella banda marina 156/174 Mhz. Include il DSC sul canale 70. Portata max 30 mg.
- **VHF** portatile come VHF ma senza DSC. Portata max 5 mg.
- **SART** (*Search And Rescue Radar Trasponder*) trasponder radar in banda X (*3 cm, ovvero 9,3/9,5 Mhz*). Utilizzato dalle imbarcazioni di salvataggio per facilitarne la localizzazione.
- **EPIRB** (*Emergency Position Indicating Radar Beacon*) radioboa per la localizzazione di sinistri, che emette segnali di soccorso:
    - *su 121,5 e 406 Mhz se utilizza COSPAS-SARSAT*
    - *su 1,4-1,6 Ghz o banda L se utilizza INMARSAT-E*
    - *su canale 70 VHF se abilitate sola sull'area A1.*
- **DSC MF-HF** monitorizza le frequenze DSC di soccorso sulle bande 2,4,6,8,12,16 Mhz; invia chiamate di soccorso, urgenza, sicurezza e routine sulle bande 2,4,6,8,12,16 Mhz.
- **MF-HF** ricetrasmettitore in fonia e telex su tutte le bande marine. Va associato all'unità DSC.
- **INMASART-A** sistema di comunicazione analogico satellitare in fonia, telex, dati, fax e video.
- **INMASART-C** sistema di comunicazione digitale satellitare in telex, dati, e-mail, polling. È comprensivo di un ricevitore per chiamate di gruppo (*EGC - Engace Group Call*) relative alla sicurezza marittima (*Servizio Safety Net*) dirette a: tutte le navi, navi di una stessa bandiera o flotta, navi di una zona geografica.
-

Scopo principale del GMDSS è quello di rendere nota, nel più breve tempo possibile, l'esistenza di una situazione di pericolo alle navi vicine ed agli enti di soccorso.

In passato, la rapidità di intervento e la salvezza di persone e beni dipendevano dalle navi in zona, allertate da una chiamata di soccorso che in zone remote poteva rimanere inascoltata.
Oggi la nave in pericolo trasmette un avviso di soccorso con i mezzi in dotazione previsti per l'area in cui naviga come specificato di seguito.

AREA
A1

- DSC IN VHF SUL CANALE 70
- FONIA IN VHF SUL CANALE 16
- EPIRB

AREA
A2

- DSC IN VHF SUL CANALE 70
- FONIA IN VHF SUL CANALE 16
- EPIRB
- DSC IN MF SU 2187,5 KHZ
- ALLARME RADIOTELEFONICO IN MF SU 2182 KHZ

AREA
A3

- INMASART e/o
- DSC IN HF SU 8414,5 KHZ
- DSC IN HF SU TUTTE LE ALTRE FREQUENZE
- DSC IN MF SU 2187,5 KHZ
- ALLARME RADIOTELEFONICO IN MF SU 2182 KHZ
- EPIRB
- RADIOTELEX HF

AREA
A3

- DSC IN HF SU 8414,5 KHZ
- DSC IN HF SU TUTTE LE ALTRE FREQUENZE
- DSC IN MF SU 2187,5 KHZ
- ALLARME RADIOTELEFONICO IN MF SU 2182 KHZ
- EPIRB
- RADIOTELEX HF

L’allerta di soccorso può essere fatta in tre modi da una nave:

- DSC VHF – HF MF
- INMASART A – B – C
- EPIRB

Le chiamate ed I messaggi di soccorso devono essere trasmessi sulle seguenti frequenze in fonia:

- VHF Can. 16
- MF 2182 Khz
- HF

<u>USO DEGLI APPARATI RADIO (GMDSS)</u>

Per operare con il nuovo sistema di comunicazione, ed al fine di dotare le navi di impianti minimi per poter adempiere al Sistema, tutti i mari ed oceani del mondo, sono stati divisi in quattro Aree Marittime.

- Area A1: Ascolto permanente col DSC in VHF (*fino a 40 miglia dalla costa*);
- Area A2: Ascolto permanente col DSC in MF (*tra le 200 e le 300 miglia*);
- Area A3: coperta dai satelliti geostazionari INMARSAT;
- Area A4: È tutta l'area fuori dalle Aree A1-A2-A3.

La chiamata selettiva digitale (<u>*DSC*</u>) è usata per trasmettere allarmi di soccorso e di ricevere le corrispondenti *"conferme di ricezione"* dalle stazioni costiere. Questo sistema di chiamata, consiste nell'invio di un "pacchetto" digitale, che ricevuto viene decodificato e mostra sullo schermo dell'impianto il tipo di allarme ricevuto. Questo tipo di chiamata può essere di categoria "<u>*Soccorso*</u>", "<u>*Urgenza*</u>", "<u>*Sicurezza o Routine*</u>" e si potrà inviare a *"tutte le stazioni"*, ad una stazione *"individuale"*, o ad un *"gruppo di stazioni"* o ad una *"area geografica"*.

Questi allarmi in automatico contengono:

L'identità della nave(MMSI);

- l'ora di trasmissione;
- tipo di soccorso;
- posizione della nave;
- canale o frequenza del traffico di soccorso.
-

L'impianto DSC si può connettere ad un trasmettitore in VHF; MF; HF.

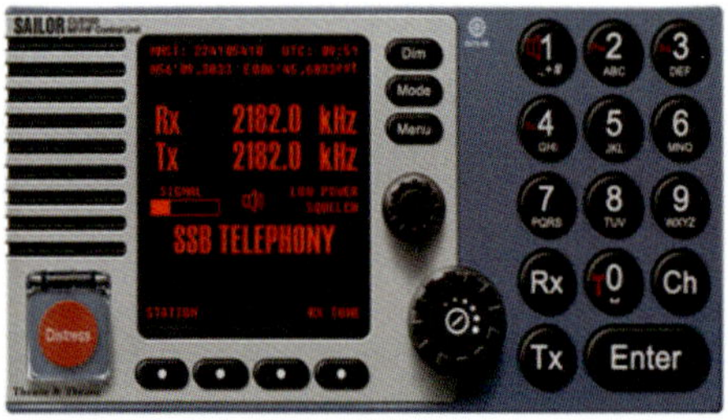

Fig. 81 MF HF DSC Marca SAILOR

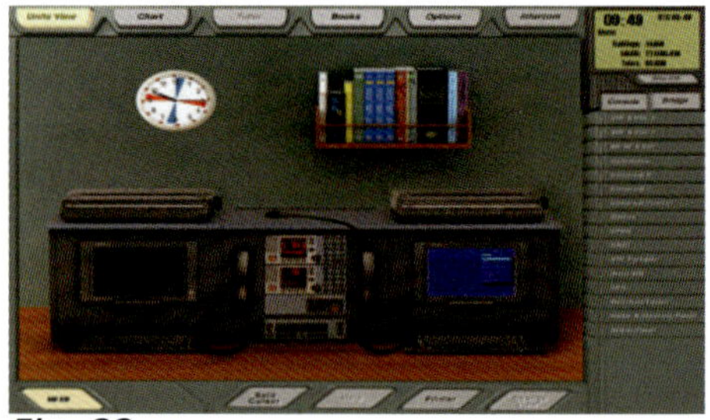

Fig. 82
STAZIONE DSC VHF - HF - INMARSAT - TELEX

Fig. 83 *INMARSAT – C*

Fig. 84
VHF CON RICEVITORE AIS

Gli apparati raffigurati in questa pagina rappresentano la dotazione di bordo per le varie Aree.

Come negli apparecchi portali alla pagina seguente, per comunicazioni tra navi e/o Stazioni costiere il VHF è dotato di canali dedicati: 16 (*anche per chiamate di soccorso sul luogo del soccorso*) ed altri canali di lavoro.

1) Radiotelefono VHF - DSC e apparati radio VHF JOTRON per aerei di soccorso

Fig. 85 *Fig. 86* *Fig. 87*

Le figure 85–86 illustrano i tipi di VHF-DSC disponibili sul mercato. Tutte le navi passeggeri e da carico > di 500 TSL devono avere almeno 3 VHF portatili. Questi apparecchi servono per le comunicazioni sul luogo del sinistro tra le imbarcazioni di salvataggio o fra esse e la nave; essi devono avere il CH 16 e almeno un altro canale con classe di emissione G3E (*CH. 70*). La batteria di colore arancione è del tipo "long life"; deve assicurare almeno 8 ore di funzionamento e 48 ore in condizioni di normale funzionamento. Possono essere usati a bordo anche come normali apparecchi di comunicazione avendo cura però di usare una batteria ricaricabile di colore nero per non confonderla da quella arancione di emergenza. *La figura 87* mostra invece il VHF per le comunicazioni con elicotteri sulla banda di frequenza 121.5 MHz e 123.1 MHz.

2) E.P.I.R.B. (Emergency Position Indicating Radio Beacon)

Le navi passeggeri e da carico adibite a navigazione nazionale e/o oceanica nonché le imbarcazioni da pesca d'alto mare, devono essere munite di almeno 1 (*uno*) Epirb posizionato nella timoneria della nave.

L'acronimo EPIRG indica una **radioboa per la localizzazione dei sinistri**, cioè un dispositivo che quando viene attivato manualmente, o automaticamente a contatto dell'acqua, attraverso due interruttori sui suoi lati, emette dei segnali contenenti informazioni sull'oggetto in pericolo.

Fig. 88
Epirb COSPASS SARSAT

Nel campo marittimo esistono vari tipi di epirbs:

1° GRUPPO Canale VHF 70 – per allertare i DSC-VHF
2° GRUPPO 406 e 121,5 - per allertare il COSPASS-SARSAT
3° GRUPPO 1,6 Ghz - per allertare le rabioboe INMARSAT – E

Al 1° gruppo appartengono le radioboe Epirbs che operano nelle bande di frequenze VHF sul canale 70, allertando i DSC-VHF e lanciando un messaggio composto dal MMSI (*Servizio Identificazione Mobile Marittimo*) della nave in pericolo composto di 9 cifre, dalla sua posizione, dall'ora e per la natura del pericolo, la frase "EPIRB EMISSION".

Al 2° gruppo appartengono i segnali trasmessi da EPIRB del sistema COSPAS-SARSAT, ovvero *"Sistema spaziale per la ricerca di navi in pericolo – ricerca e salvataggio con l'aiuto dei satelliti"*; esso è coordinato dal Canada, Stati Uniti, Francia, Russia, e utilizza:

1. un segmento spaziale, con 6 satelliti orbitanti per meridiano alla quota di 800 – 1000 Km che ricevono i segnali messi dall'EPIRB;
2. un segmento terrestre, costituito da stazioni di calcolo denominate LUT (n.3) e da centri denominati MCC (n.4);
3. radioboe in dotazione alle navi.

Le EPIRB di questo sistema trasmettono sulle frequenze di 406 Mhz e di 121,5 Mhz.

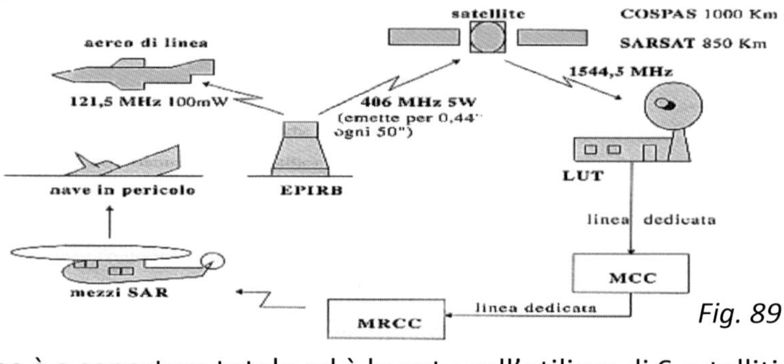

Fig. 89

Tale sistema è a copertura totale ed è basato sull'utilizzo di 6 satelliti in orbita polare che ricevono i segnali dell'EPIRB sulle frequenze di 406 e 121,5 Mhz e ritrasmettono su 1544,5 Mhz a stazioni terrestre denominate LUT (*Local User Terminal*) (*una lut si trova a Bari*), che hanno un raggio di ricezione di 2500 Km. Conoscendo esattamente la posizione dei satelliti e sfruttando l'effetto Doppler dei segnali, la LUT determina la posizione dell'EPIRB e la comunica ad un MCC (*Mission Coordination Centre*), che a sua volta informa l'MRCC (*Maritime Coordination Centre*).
Sulla frequenza di 406 Mhz l'EPIRB trasmette un segnale digitale che contiene l'MMSI, in alcuni modelli di radioboa può essere inclusa anche la natura

del pericolo e, tramite GPS l'esatta posizione. Il segnale viene trasmesso per 0,44 secondi ogni 50 secondi (burst).
Sulla frequenza di 121,5 Mhz (frequenza internazionale di soccorso aereo), l'EPIRB trasmette un segnale analogico bitonale udibile dagli aerei in zona, che a loro volta informano il centro di controllo aereo con cui sono in contatto.

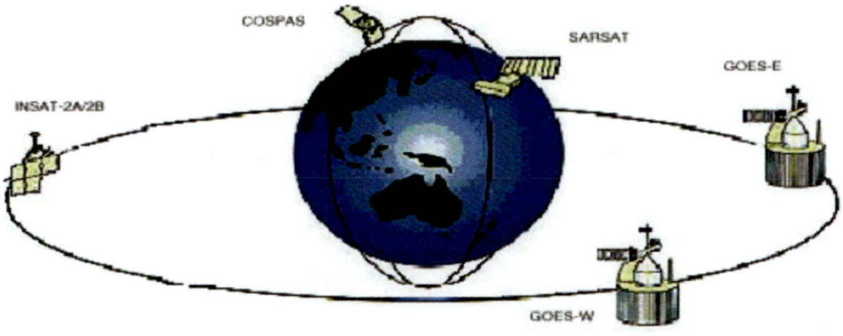

Fig. 90

Sullo stesso segnale dirigono poi i mezzi aerei di soccorso (*SAR*).
I satelliti COSPAS SARSAT non sono in grado di memorizzare i segnali ricevuti sulla frequenza di 121,5 Mhz e li ritrasmettono a terra in tempo reale;può accadere quindi che in alcune zone del globo l'emissione vada perduta perché non si trovano LUT in vista (*zone oceaniche dell'emisfero australe*). La precisione della posizione varia tra 10 e 20 Km e possono essere necessari 2 o 3 passaggi. È consigliabile quindi utilizzare EPIRB a 406 Mhz, i cui segnali vengono memorizzati dal satellite e ritrasmessi alla prima LUT visibile. Qui la posizione della radioboa può essere determinata dopo appena 3 burst, con uno scarto di posizione di 5 Km.
La potenza irradiata è di circa 1 W. L'autonomia della batteria al litio è di circa 48 ore. Il burst è ripetuto ogni ora per le prime 4 trasmissioni, in seguito ogni 4 ore per le restanti 44 ore. Su latitudini che superano i 70° Nord e Sud le chiamate di soccorso vengono trasmesse, in Fonia o su di una frequenza MF/HF di soccorso. Il sistema Cospass-Sarsat ai tempi d'oggi è un sistema integrato con il sistema Leosar e Geosar, infatti utilizza sia satelliti (*LEOSAR*) in orbita polare, che satelliti geostazionari (*GEOSAR*), ad un altitudine di 36000 km che forniscono una copertura continua di tutte le aree del globo tra i 70° Nord e 70° Sud di latitudine.

Gruppo 3: Questo tipo di EPIRB emette un burst sulla banda *L* che viene rilevato dai satelliti IMMARSAT nella sola regione A3 ma non nelle zone polari (*A4*). Questi satelliti sono posizionati a circa 35700 Km di quota sull'equatore ed hanno una velocità angolare tale da essere stazionari rispetto ad un punto della superficie terrestre. Assicurano una copertura che va da 70° di latitudine Nord a 70° di latitudine Sud. Il satellite ritrasmette l'informazione in banda C (*4 – 6 Ghz*), alla *CES* preposta al sistema INMARSAT – E (*attualmente ce ne sono 4, una per ogni area*). Una volta ricevuto il segnale la CES lo invia alla MRCC associata o a quella più appropriata. Essendo geostazionari, i satelliti non possono sfruttare l'effetto doppler per determinare la posizione della radioboa. La posizione geografica quindi deve essere inclusa nell'emissione in modo automatico (*GPS*) o manuale. A bordo, la radioboa, in riposo è collegata ad una tastiera di controllo esterna tramite un cavo collegato ad un gancio idrostatico.
La boa è provvista di luce stroboscopica per l'avvistamento e, in alcuni tipi, incorpora anche un SART per la scoperta Radar.
Le Amministrazioni nazionali mantengono un registro delle radioboe, per una rapida identificazione del mezzo in pericolo e per poter rintracciare la persona da persona da avvertire in caso di emergenza. Prima di allertare un RCC, l'MCC tenta il contatto con la nave, l'armatore o la persona indicata nei registri, per accertare che non si tratti di un falso allarme. Anche nel sistema CASPAS SARSAT si registra un alto numero di trasmissioni accidentali. Gli EPIRB devono essere provati una volta al mese servendosi della funzione test incorporata ed evitando assolutamente di irradiare. Effettuare prove brevi per evitare di scaricare eccessivamente le batterie. Verificare la data di scadenza delle batterie. Verificare la data di scadenza del gancio idrostatico. Se attivato accidentalmente una EPIRB, informare immediatamente la più vicina stazione costiera o MRCC. È compito del Comandante accertarsi che tutte le EPIRB di dotazione della nave siano, registrate presso l'Autorità nazionale competente, per facilitare le operazioni SAR in caso di necessità.

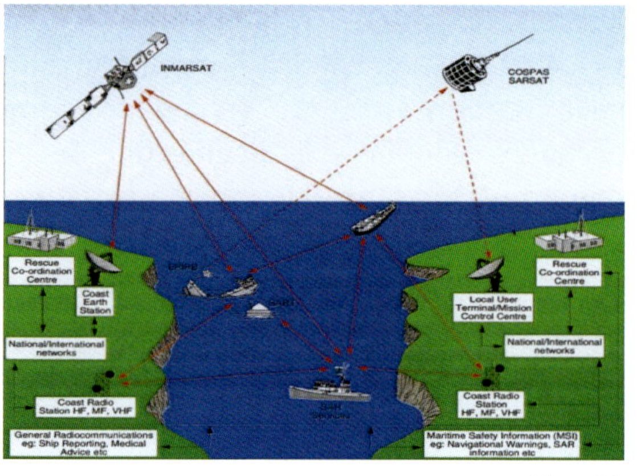

Fig. 91

L'EPIRB deve essere installata in un luogo ove non sia possibile danneggiarla o attivarla accidentalmente. Essa è dotata di una sagola, che serve ad assicurarla al mezzo di salvataggio o alla persona in mare, non alla nave che evidentemente la trascinerebbe a fondo con se. Ogni EPIRB danneggiata, o installata su di una nave destinata alla demolizione, o inviata ad un centro di service per riparazione, deve essere resa non operativa, mediante la rimozione della batteria.

2) S.A.R.T. (Search and Rescue Radar Transponder)

Fig. 92

Il Tron SART è un apparato di emergenza composto da: un trasponditore radar; staffa per fissaggio sulla nave; sagola per fissaggio su imbarcazione di salvataggio. Il trasponditore radar SART a 9 GHz è specifico per l'impiego nelle operazioni di ricerca e salvataggio in mare. La portata massima è di 10 miglia nel caso di una nave, mentre nel caso di elicottero è di 30 mg. relativa però alla sua quota di volo. Essa dipende dall'altezza del trasponder e dell'antenna radar dell'unità di ricerca sul livello del mare. È di materiale plastico galleggiante. Con antenna radar alta 20 mt ed il Sart ad 1 mt s.l.m. la portata è di circa 10 miglia. Quando il Sart viene *interrogato* (colpito) dall'emissione di un segnale radar esso emette dei segnali che fanno apparire sul radar in banda X dei 3 cm. interrogante una serie di 12 punti (*blips*) nella direzione del Sart. Questi segnali, permettono di dirigere sul mezzo in pericolo.

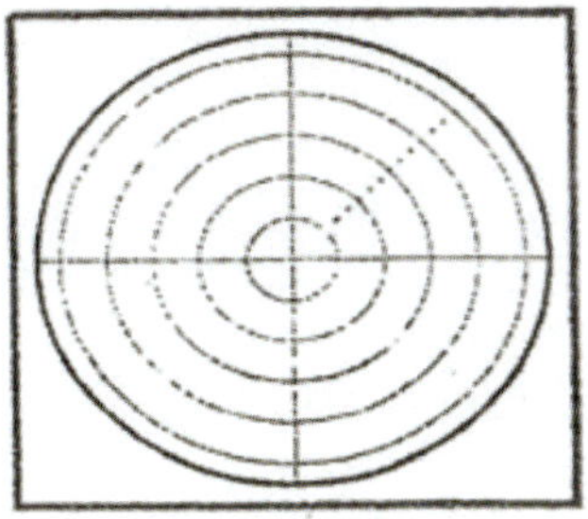

Fig. 93

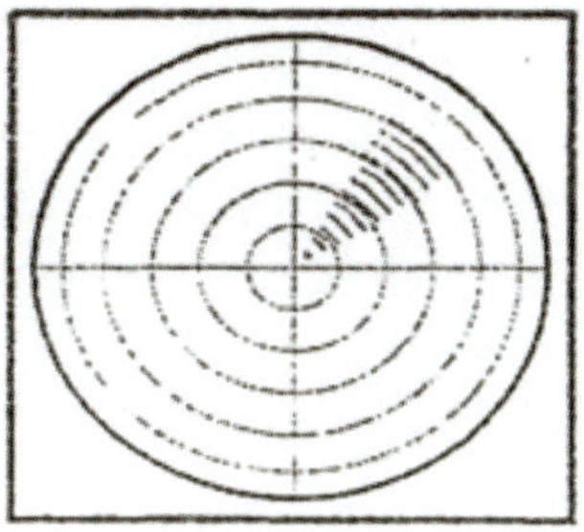

Fig. 94

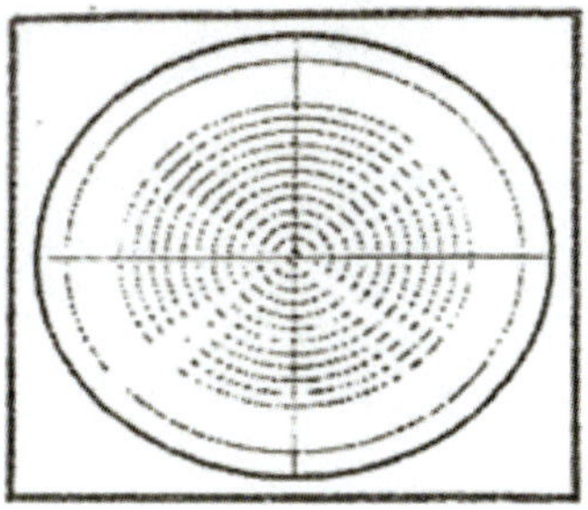

Fig. 95

Nella Figura 93 ilSART si trova a più di 2 miglia dallo schermo radar con scala su 10 miglia e cerchi di distanza 2 miglia.

Nella Figura 94 il SART si trova a circa 1 miglio dallo schermo radar con scala su 10 miglia e cerchi di distanza 2 miglia.

Nella figura 95 il SART si trova a meno di 0,2 miglia dallo schermo radar con scala su 10 miglia e cerchi di distanza 2 miglia.

Il SART deve essere attivato immediatamente dopo l'EPIRB. La batteria del SART ha una durata di almeno 96 ore. Essa è contenuta nella sezione inferiore e deve essere sostituita ogni 4 anni. La durata di scadenza è stampata sull'etichetta della batteria. La nuova batteria viene fornita completa di interruttore di accensione e indicatori. Essa è facilmente sostituibile svitando la ghiera centrale di giunzione fra le due metà dell'apparato. Il SART resiste ad una caduta in mare da 30 mt. di altezza.
Il SART deve essere provato una volta al mese con l'apposito pulsante di test.

FUOCHI PIROTECNICI

[D.M. 29 settembre 1999, n.387]

Quattro tipi di fuochi pirotecnici possono essere trasportati a bordo delle navi e nei relativi mezzi di salvataggio. Su ogni segnale di soccorso deve essere marcato in modo chiaro, indelebile e leggibile: il nome del produttore; nome e sigla del modello; data di fabbricazione; tipo approvato con il simbolo del timoncino:

<u>RAZZI A PARACADUTE</u>

Sono segnali di illuminazione per operazioni di ricerca e salvataggio. Vengono usati per richiamare l'attenzione di navi o aeromobili che sono a distanza. Sono formati da un tubo esterno resistente agli urti e alla salsedine. Hanno un proprio mezzo di accensione incorporato; non provoca danni all'addetto durante l'operazione di lancio. Il razzo, sparato verticalmente, deve raggiungere un'altezza non inferiore a 300 metri. Poco prima di giungere al punto massimo della sua traiettoria, il razzo deve proiettare un segnale luminoso a paracadute, che deve:

- bruciare emettendo colore rosso brillante;
- bruciare uniformemente ad un intensità non inferiore a 30.000 cd (candele);
- brillare per almeno 40 secondi e scendendo a zig-zag a velocità di 5mt/sec.;
- non provocare, mentre brucia, danni agli attacchi e al paracadute;
- visibile ad una distanza di 20-25 mg. e spegnersi a 20-30 mt prima di cadere in mare.

Fig. 96

Il razzo a paracadute deve essere approvato, dalla SOLAS – IMO, con validità di 4 anni.

ISTRUZIONI PER L'USO

- Rimuovere il tappo inferiore utilizzando l'apposita linguetta.
- Liberare la leva di sparo posizionandola verso l'esterno.
- Impugnare il tubo di lancio con entrambe le mani spingendo la leva di sparo con il tubo.
-

FUOCHI A MANO

I fuochi a mano a luce rossa devono:
- essere contenuti in un involucro resistente all'acqua;
- sull'involucro stampate brevi istruzioni sull'utilizzo;
- approvati dalla SOLAS - IMO con validità di 4 anni;
- avere un proprio mezzo di accensione incorporato;
- non provocare danni alla persona che tiene in mano l'involucro durante l'uso;
- bruciare emettendo un colore rosso brillante;
- bruciare uniformemente con intensità di 15.000 candele;
- avere un periodo di combustione di 1 minuto;
- continuare a bruciare anche dopo essere stato immerso per 10 sec. In acqua alla profondità di 10 cm.

Fig. 97

ISTRUZIONI PER L'USO

- Impugnare il fuoco a mano e tenere la freccia segnata su di esso verso l'alto.
- Dirigerlo verso la nave o l'aeromobile.
- Togliere il tappo e tirare la sagoletta.

Fig. 98

BOETTE FUMOGENE E FUOCHI ARANCIONI

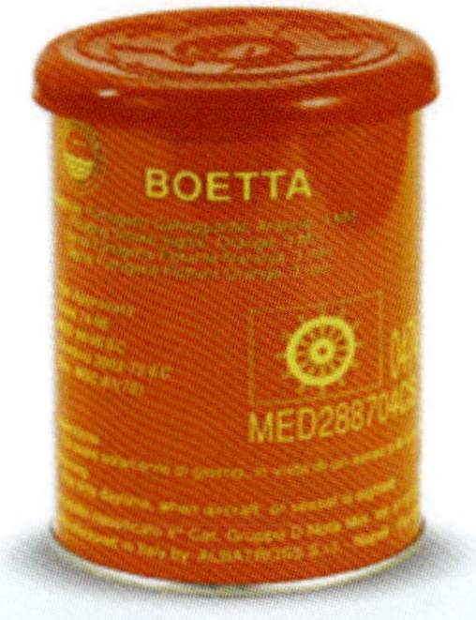

Fig. 99

Sono progettate per galleggiare emettendo una densa nuvola di fumo arancione per un tempo di 3 – 4 minuti in acque calme; di funzionare senza fuoriuscita di fiamma (*infatti possono essere adoperate anche in presenza di oli combustibili sull'acqua*); non affondare in una possibile scia di nave; continuare a bruciare anche se immersi per 10 secondi sotto uno strato d'acqua di 10 cm. L'involucro esterno è in metallo anticorrosione resistente anche all'ambiente salino.

È adoperato per attrarre l'attenzione di navi ed aeromobili di passaggio durante le ore diurne, ma anche per indicare, durante un'operazione SAR, la direzione del vento in superficie ad un pilota di aeromobile.

Dopo l'attivazione, il segnale deve essere lanciato fuoribordo sottovento. Approvato SOLAS - IMO ha validità di 4 anni.

Fig. 100 Questo fuoco arancione a fianco illustrato mostra un naufrago con in mano un altro tipo fumogeno che viene usato tenendolo in mano in quanto è provvisto di manico per l'impugnatura. Ha le stesse caratteristiche della boetta fumogena. Approvato SOLAS - IMO ha validità di 4 anni.

APPARATI LANCIASAGOLE

Fig. 101

Le navi devono essere equipaggiate con 4 apparati lanciasagole. Vengono usati in operazioni di salvataggio e di ormeggio. Se vi sono vite in pericolo e la nave è in posizione da dove è possibile un'operazione di salvataggio, da terra un razzo con una cima attaccata può essere lanciato da terra verso la nave e/o dalla nave a terra. Consiste di un razzo e di un percussore. *Il lanciasagola*, consiste in un'intelaiatura di plastica resistente alle intemperie. La protezione comprende la maniglia e l'alloggio dell'innesco. Per l'uso dell'apparato si procede nel modo seguente:

Rimuovere il coperchio protettivo anteriore;

1. Assicurare il terminale della sagola (indicato dal cartellino rosso) ad una ghia abbastanza forte e legare il terminale di quest'ultima ad un punto fisso a bordo;
2. Rimuovere la coppiglia di sicurezza che tiene bloccato l'innesco;
3. Puntare in direzione dell'obiettivo e sparare.
4. Sia il razzo che il percussore hanno scadenze riportate sui rispettivi involucri. Per sostituire il razzo scaduto, fermo restante la non rimozione della coppiglia di sicurezza, si procede nel seguente modo:

Togliere il coperchio trasparente anteriore;

5. Togliere il coperchietto trasparente del tubo contenitore interno;
6. Estrarre delicatamente il razzo dal tubo contenitore e slegare il cavetto di metallo dalla staffa terminale;
7. Legare il cavetto di metallo al nuovo razzo e rimetterlo nel tubo contenitore nella stessa posizione che era nel vecchio razzo.
8. Per quanto riguarda la sostituzione della cartuccia, ruotare la stessa in senso antiorario tenendo il pernetto blu schiacciato per estrarlo; fare manovra all'inverso per rimetterlo. Il razzo e la cartuccia hanno validità di 4 anni.

LA RICERCA E IL SOCCORSO AEREO MARITTIMO (IAMSAR)

Il mezzo aereo è oramai prioritario per la ricerca e soccorso di naufraghi, sia esso aereo che elicottero. I due mezzi si differenziano, principalmente, per il loro impiego, e cioè il primo adibito alle ricerche, mentre il secondo, risulta più duttile per le operazioni di soccorso (*recupero*) anche se lungo la costa. Per il buon esito dello IAMSAR, anche il personale navigante, parte integrante dell'operazione, è tenuto a conoscere, osservare e prevedere quale tipo di soccorso dall'aria può operare, in che modo ricevere e quindi prepararsi all'evento. Per questo il marittimo deve essere a conoscenza sulle procedure di ricerca per il soccorso in mare descritte nel manuale (*IAMSAR*). Parliamo ora di quali sono i mezzi che vengono impiegati nelle operazioni SAR.

<u>Gli aeromobili</u>

impiegati nelle operazioni SAR, dato il loro carattere internazionale ed umanitario del loro servizio, sono di tipo standard mentre possono variare in parte, a seconda della nazione di appartenenza, solamente la procedura da essi seguite. Il servizio SAR è svolto dalla Marina Militare o dalla Guardia Costiera, dalla Protezione civile e, in questi ultimi tempi, anche da imprese private, ma alle dirette dipendenze delle Autorità Governative preposte.

Fig. 102

In questa attività umanitaria si distinguono, in modo particolare, il servizio fornito dalla US Coast Guard degli Stati Uniti, UK Coast Guard della Gran Bretagna, Giappone, e infine, ma non per ultimo, da quella italiana e dal 15° stormo aereo della nostra aviazione militare.

Fig. 103

L'aeroplano quale mezzo usato in particolare per la ricerca a lungo raggio, deve possedere un gran numero di sensori per la ricerca notturna e più osservatori.
Inoltre, deve compiere la funzione di collegamento tra le unità operative nelle stazioni terrestri che coordinano le ricerche, con i mezzi minori, già intenti alle ricerche, e con coloro che hanno chiesto il soccorso. Tra l'altro, è in grado di prestare immediata assistenza ai naufraghi, non appena avvistati, approvvigionandoli, con lanci paracadutati sulla zona, di zattere, viveri e tutto quanto necessita per la sopravvivenza in mare. Ha tutti gli strumenti per determinare il posizionamento, avvistare naufraghi o relitti, trasmette a tutte le unità, impegnate in ricerche, la esatta posizione in cui essi sono in attesa del soccorso ed infine del salvataggio. La velocità di questo mezzo è elevata e quindi può giungere sul luogo del soccorso quasi immediatamente.

L'elicottero la cui funzionalità nelle operazioni di soccorso risulta vitale durante la fase del recupero ha, di contro, una limitazione dovuta al suo corto raggio d'azione che non supera le 300 miglia. È necessario quindi saper bene coordinare e gestire le operazioni di soccorso e recupero onde poter sfruttare al meglio l'autonomia ridotta in modo da poter portare a termine, se il caso lo richiede, il recupero di più naufraghi. Appena l'elicottero, è giunto sul luogo, calerà in mare il *"cavo guida"* che collegato al verricello, servirà ad issare i naufraghi su di esso. Una braga a cintura, sarà calata in mare dall'elicottero e passata sotto le ascelle del singolo che sarà virato a bordo *(→ vedi Fig. 104)*. Tale operazione potrà effettuarsi anche a due cinture e quindi issare due naufraghi, ma non di più, altrimenti verrebbe compromesso il funzionamento del verricello che generalmente ha una potenza di alzata intorno ai 240 Kg. Quasi sempre col cavo guida, per facilitare le operazioni di recupero, viene calato un "uomo rana" che, molto pratico ed allenato, facilita e rende sicura l'operazione di recupero e salvataggio. Se i naufraghi vengono recuperati da una lancia di salvataggio di tipo scoperta, allora o l'uomo rana o uno addetto, imbracherà uno per volta i naufraghi ed appena sarà pronto, darà il segnale per virarlo sull'elicottero.

Fig. 104

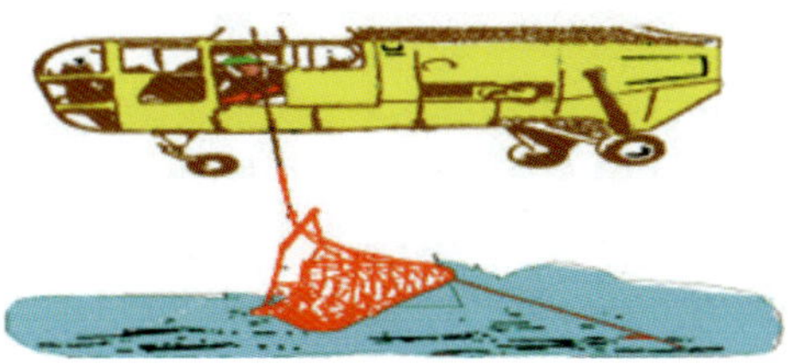

Figg. 105-106
Recupero di naufraghi in mare in stato di incoscienza o privi di sensi con una rete metallica

Fig. 107

Fig. 108

Fig. 109

In caso di pericolo immediato, onde abbreviare l'operazione di salvataggio, potrà imbarcare due naufragi per volta. Se la lancia è del tipo coperto, allora l'uomo rana o un addetto, rimarrà al di sopra della coperta legandosi alla ringhiera e, facendo uscire uno o al massimo due naufraghi, l'imbarcherà per farli issare sull'elicottero.

Il recupero dei naufraghi su di una zattera autogonfiabile si effettua nella stessa maniera, ma se fosse possibile abbassare il tendaletto, allora l'operazione verrebbe facilitata, perché i naufraghi potrebbero essere più rapidamente e facilmente issati sull'elicottero. Bisogna inoltre dire che, oltre alla braga comune, per il recupero dall'elicottero esistono altri mezzi, come il *"cestello"*, la *"barella"*, *"il seggiolino"* ed altri tipi di rete speciale che permettono di recuperare il naufrago in mare quando questi si trova in stato di incoscienza o privo di sensi.

Tutti questi altri mezzi servono generalmente per issare feriti e sono calati dall'elicottero stesso. Appena sull'elicottero, i naufraghi si siederanno l'uno accanto all'altro, non liberandosi mai della cintura di salvataggio. Finita l'operazione di recupero, essi, se ne è il caso, verranno ristorati per quanto possibile durante il trasporto a terra. È importantissimo per il naufrago, portare con sé il libretto di navigazione o passaporto, la qualcosa sarà di estrema utilità per il disbrigo delle pratiche burocratiche. Non è detto che il salvataggio o recupero debba avvenire solo dal mare, dalla lancia o dalla zattera autogonfiabile. Non di rado qualche ferito o ammalato, o in caso di abbandono nave, tutti i membri dell'equipaggio vengono recuperati con l'elicottero dalla nave stessa. È questa senz'altro una situazione preferibile alle altre precedenti. L'IMO, con la circolare *MSC/Circ.895*, ha disposto che sulle navi RO-RO di lunghezza superiore a 130 mt, vi sia uno spazio sul ponte più adatto che sia destinato all'appontaggio degli elicotteri (*winching area*). Questo spazio deve essere posizionato, possibilmente, verso poppavia e contrassegnatocon la lettera *"H"*.

Fig. 110

In figura la specifica delle dimensioni dell'area dedicata.
Se il soccorso dovesse essere effettuato direttamente dall'area di appontaggio o di sollevamento in coperta di una nave in movimento bisognerà ridurre la velocità e correggere la rotta della nave secondo le richieste fatte dal pilota del mezzo soccorritore.
Infine, prima dell'inizio delle operazioni di appontaggio o di sollevamento, da parte dell'elicottero è bene che tali aree vengano liberate da tutte le eventuali ostruzioni mobili, quali antenne radio, bighi ecc.ecc. in modo che non creino difficoltà al pilota dell'elicottero. Sarà bene che, se nelle vicinanze di queste zone, vi fossero ostruzioni inamovibili, esse vengano dipinte con colori ad alta visibilità per un facile avvistamento di giorno e, di notte, chiaramente illuminati con proiettori. Quando è possibile, è preferibile che i collegamenti con il mezzo aereo si effettuino mentre è sospeso in aria, tenendo presente che difficilmente l'elicottero riesce a restare fermo in un punto e sono anche da valutare lo scarroccio ed il movimento della nave.

Fig. 111

Prima dell'operazione di *rendez-vous* nave/elicottero è buona norma rivedersi tutte le regole e controllare, usando le *check lists* (*liste di controllo*) riportate nell'apposito manuale pubblicato dall'IMO, in modo che nulla venga lasciato al caso ed essere pronti a fronteggiare ogni evenienza. L'elicottero si porterà su tale parte della nave sopraggiungendo da poppa, e calerà il cavo guida. È importante che questo cavo tocchi prima l'acqua per scaricare in essa e non sulla nave, l'elettricità statica formatasi sull'elicottero, ciò che potrebbe essere pericolosissimo, specie se trattasi di petroliere o navi del genere. Quindi esso verrà recuperato a bordo della nave dove non verrà assolutamente legato in nessun posto, ma colto a ruota. Ciò per evitare che eventuali strappi, dovuti ai movimenti della nave o dell'elicottero.

INTERNATIONAL AERONAUTICAL AND MARITIME SEARCH AND RESCUE IAMSAR

Le operazioni di ricerca e soccorso richiedono 3 centri operativi di coordinamento diretti da un solo coordinatore ciascuno.
E cioè:

- Coordinatore SAR (SCs)
- Coordinatore della Missione (SMCs)
- Coordinatore d'area (OSCs)
-

Il Coordinatore SAR (SCs) ha la responsabilità generale su:

- Organizzare, reclutare, istruire, equipaggiare e coordinare il centro SAR.
- L'istituzione dei centri di coordinamento per la ricerca (RCCs) e dei centri periferici per la ricerca (RSCs).
- Preparare ed organizzare esercitazioni per interventi realistici.
- Rispettare più strettamente possibile, le direttive indicate nel manuale SAR.

Il Coordinatore della Missione (*SMCs*) viene nominato per ogni singola operazione. Tale incarico dura solo per l'espletamento di un'emergenza ed in genere è ricoperto dal direttore della RCC allertata o da uno designato. Il suo compito si esaurisce quando un'operazione è portata a termine con successo oppure risultano inutili ulteriori interventi.
Il coordinatore della missione (*SMCs*) deve essere pronto a rispondere a qualsiasi forma d'emergenza, conoscere e applicare il piano SAR più adatto alla circostanza.

Radiocomunicazioni in zona di emergenza
Il Coordinatore d'Area (OSC) deve coordinare le comunicazioni radio in zona. Tutti i mezzi della ricerca devono rapportare all'OSC su una determinata frequenza. Se si decide di cambiare una frequenza bisogna dare anche le istruzioni opportune qualora non si riesca ad effettuare il contatto sulla nuova frequenza.
Tutti i mezzi coinvolti in un operazione SAR devono utilizzare il Codice Internazionale dei Segnali.
Normalmente il Coordinatore della Missione stabilisce le frequenze da utilizzare in zona, specificando la primaria e la secondaria.

AMVER (*The Automated Mutual Assistence Vessel Rescue System*) nato, dopo il disastro nel 1912 del TITANIC, all'idea di un sistema globale di reporting. L'U.S. Coast Guard che si occupa del sistema Amver dal 1958, è operante ed è molto importante per le operazioni SAR offrendo informazioni per tutti gli RCCs. Il centro riceve, da parte dei Comandi di bordo, la posizione della nave, sia essa in porto che in navigazione, con l'indicazione della velocità e rotta seguita. Questo centro è a copertura globale ed è sempre pronto a rispondere a qualsiasi richiesta di soccorso. Oggi, in collaborazione con la National Oceanic and *Atmospheric Administration*(*NOAA*) e COMSAT (*il firmatario U.S. Immarsat*) ha sviluppato il software "messaggio compresso"(*DSC*) spostando i dati del report ad alta velocità e a basso costo incoraggiando gli utenti ad uso frequente di segnalazioni aumentando così le precisione dei dati da trasmettere al possibile intervento SAR, o di un pronto intervento medico a bordo.

Segnali ottici

I seguenti mezzi di comunicazione ottici devono essere usati quando è opportuno:

- Lampada di segnalazione.
- Codice internazionale delle bandiere.
- Segnali internazionali di pericolo.
-

I seguenti segnali devono essere usati:

1. SEGNALI DI RICHIESTA SOCCORSO DA TERRA AD UNA IMBARCAZIONE
2.

Movimento verticale delle braccia o di una bandiera bianca o di una luce bianca o di un fuoco.

oppure

K

— • —

=QUESTO È IL POSTO ADATTO PER LO SBARCO

Fig. 112

Movimento orizzontale delle braccia o di una bandiera o di una luce bianca o di un fuoco.

oppure

S

• • •

=QUI LO SBARCO È MOLTO PERICOLOSO

Fig. 113

Porre una bandiera bianca o una luce bianca o un fuoco sul terreno e indicare con la seconda la direzione sicura

oppure

R
•▬•

= SBARCARE A DESTRA DELLA VOSTRA POSIZIONE ATTUALE

Fig. 114

Porre una bandiera bianca o una luce bianca o un fuoco sul terreno e indicare con la seconda la direzione sicura

oppure

L
••▬•

= SBARCARE A SINISTRA DELLA VOSTRA POSIZIONE ATTUALE

Fig. 115

2. RISPOSTA DA STAZIONI DI SALVATAGGIO O UNITÀ MARITTIME DI RICERCA AI SEGNALI DI SOCCORSO FATTI DA UNA NAVE O PERSONA

Segnale di fumo arancione

Tre razzi a stelle bianche o tre segnali combinati di luce e suono sparati singolarmente ad intervalli di circa un minuto

• = SBARCARE A SINISTRA DELLA VOSTRA POSIZIONE ATTUALE

Fig. 116

3. SEGNALI VISIVI DALL'ARIA ALLA SUPERFICIE
4.

Manovre eseguite in sequenza da un aereo che sta guidando un natante in pericolo

Dirigere verso il natante in pericolo

Tagliare, a bassa quota, la rotta della nave in vicinanza della prua muovendo le ali e variando il rumore dei motori.

Fig. 117

Manovre eseguite in sequenza da un aereo che sta guidando un natante in pericolo

Tagliare a bassa quota, la scia della nave in vicinanza della poppa muovemdo le ali e variando il rumore dei motori

Fig. 118

SEGNALI UTILIZZATI DA UNA NAVE IN RISPOSTA AD UN VELIVOLO

Manovre eseguite in sequenza da un aereo che sta guidando un natante in pericolo

Cambiare la rotta per prendere la direzione indicata

Trasmettere la lettera T tramite luce o suono

Mostrare la "intelligenza

Fig. 119

Impossibilità di attenersi alle istruzioni

Trasmettere la lettera N tramite luce o suono

Mostrare la bandiera N

Fig. 120

4. SEGNALI VISIVI DALLA SUPERFICE ALL'ARIA

Fig. 121

V		••• —	V
W		• — —	X
N		— •	N
C		— • — •	Y
			↑

- Richiedo assistenza
- Richiedo assistenza medica
- No o negativo
- Si o affermativo
- Procedo in questa direzione

SEGNALI UTILIZZATI DA UN VELIVOLO IN RISPOSTA AD UNA NAVE

oppure

oppure

oppure

Manda un messaggio

Fa oscillare le ali di giorno

accende ad intermittenza le luci di posizione la notte

= Messaggio ricevuto

Fig. 122

oppure

oppure
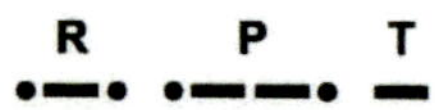

= Messaggio non ricevuto (Ripetere)

Volare dritto senza cambiare rotta

Descrivere un cerchio

Trasmettere R–P–T con luce o suono

Fig. 123

SEGNALI DI COMUNICAZIONE DA VELIVOLO A SUPERSTITI

oppure

oppure

= Il velivolo desidera dare delle informazioni o istruzioni

Lanciare un messaggio

Lanciare materiale per stabilire un contatto

Trasmettere T e R con luce o suono

Fig. 124

SEGNALI DA SUPERSTITI IN RISPOSTA AL VELIVOLO

T R
— •—• = *Il messaggio inviato è stato capito*

Trasmettere T e R con luce o suono

R P T
•—• •——• — = *Il messaggio inviato non è stato capito*

Trasmettere R – P - T con luce o suono

Fig. 125

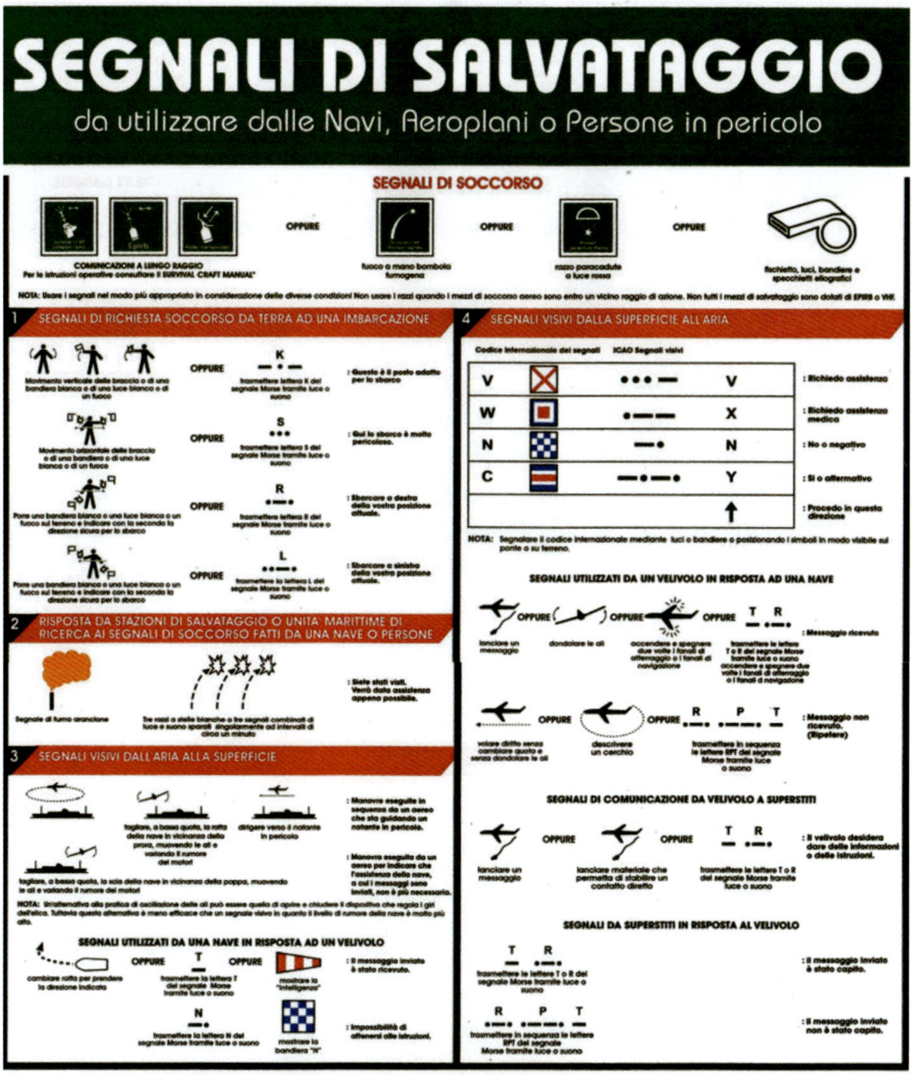

Fig. 126

Poiché chiunque navighi sul mare può essere coinvolto in un'operazione SAR, sia come soccorritore e sia come soccorso, è opportuno che a bordo vengano effettuate delle riunioni per discutere e apprendere lo IAMSAR manual che ha sostituito il MERSAR. In ogni situazione è importante sempre avere a portata di mano l'elenco delle frequenze utilizzabili nelle comunicazioni di SAR.
Per le unità ed i velivoli che partecipano ad una ricerca, gli schemi di ricerca e le procedure devono essere preventivamente concordati, per collaborare con minimi rischi e ritardi.
Tutto ciò che è stato illustrato come segnali ottici è contenuto in una tabella riepilogativa *(→vedi Fig. 126)* che obbligatoriamente deve essere affissa sul ponte di comando e come datazione nelle lance di salvataggio, sui BEV, e sulle zattere autogonfiabili.
Per maggiori approfondimenti si sappia che a bordo è obbligatorio che vi sia una copia dei tre volumi dello IAMSAR.
Per le unità e gli aeromezzi che partecipano ad una ricerca, gli schemi di ricerca e le procedure devono essere preventivamente concordati, per collaborare con minimi rischi e ritardi.
Schemi di ricerca standard sono definiti per le varie situazioni.
In caso di SAR, l'OSC deve avere al più presto un piano di azione dallo SMC. Tali piani sono elaborati da persone esperte della materia e della situazione in corso. In mancanza di un piano suggerito, l'OSC organizza un suo piano. Egli comunque può modificare il piano suggerito da terra in base alle variazioni che si presentano in loco, come l'arrivo di nuove unità di soccorso o l'assunzione di nuove conoscenze ed altre informazioni sul caso, oppure l'incidere di improvvise variazioni del tempo, o anche la riduzione della visibilità, ancora può variare i piani per il sopravvenire della notte, ect...

LA RICERCA

DATUM

Il punto di riferimento geografico dal quale si deve stabilire l'inizio della ricerca è detto *"datum"*. Il datum viene calcolato in base alle seguenti valutazioni e considerazioni

- La posizione comunicata ed il momento in cui è partito il SAR;
- La posizione determinata con l'aiuto dell'avvistamento da parte di altre navi;
- L'intervallo di tempo tra l'incidente ed il previsto arrivo dei soccorsi;
- I probabili spostamenti derivati dal pescaggio dei mezzi in pericolo rapportati allo scarroccio ed alla deriva.
-

AREA DI RICERCA

Se la ricerca inizia quasi subito dopo la ricezione del messaggio di soccorso, l'area di ricerca può essere stabilita in 10 miglia nautiche quadrate.

SCHEMI DI RICERCA

L'**IMO-SAR** propone sette (7) schemi di ricerca secondo i quali le navi e gli aeromobili devono condurre e programmare una ricerca.

Essi sono:

Ricerca a quadrato in espansione

Questo schema è raccomandato quando la posizione dell'emergenza è abbastanza localizzata. Essa è adatta per navi e battelli per la ricerca di naufraghi o di piccoli oggetti in area di mare con scarroccio e deriva quasi nullo. Poiché le distanze tra i percorsi sono molto ravvicinate è consigliabile che la ricerca venga eseguita da una sola nave. L'inizio della ricerca inizia dal datum.

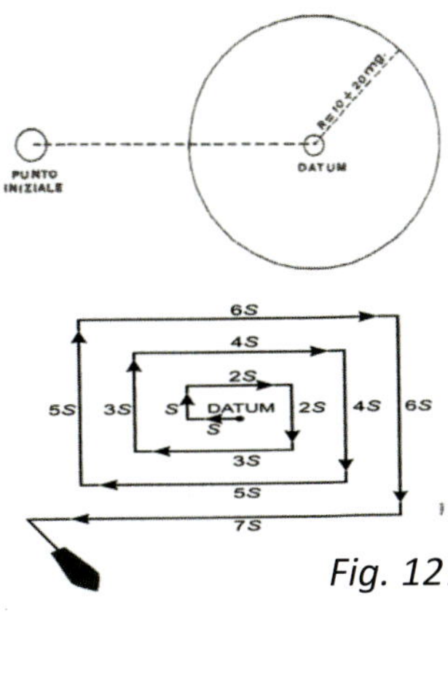

Fig. 127

Schema di ricerca a settori

La ricerca a settori è molto efficace quando la posizione del ricercato è ben nota e l'area di ricerca è piccola. Viene usata per la ricerca in un'area circolare centrata sul datum. Essa va effettuata da una sola unità, perché l'area è piccola. Un mezzo aereo ed una nave possono effettuarla insieme, ma in settori differenziati. Un segnale galleggiante o un radio diffusore devono essere sistemati sul datum. Per i mezzi aerei il raggio dell'area di ricerca è tra le cinque e le venti miglia. Per le navi il raggio della zona è tra le due e le cinque miglia, ed ogni accostata è di 120° preferibilmente a dritta.

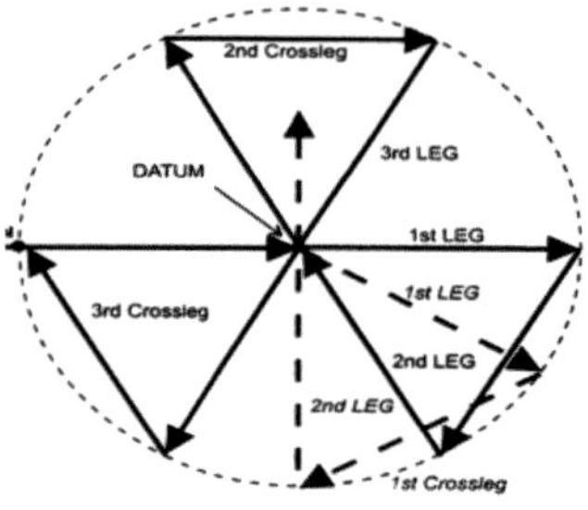

Fig. 128

Schema di ricerca a percorso lineare

Questa ricerca si configura come un unico sentiero che viene effettuato su due rotte opposte ai confini di un unico interspazio con al centro la rotta del mezzo scomparso, oppure su tre tracce, una centrale che segue il percorso della rotta del mezzo scomparso e due laterali come la precedente. Essa si applica quando si ricerca un aereo o una nave scomparsa su una rotta conosciuta. Spesso è usata come ricerca iniziale. Questa ricerca è più adatta agli aeromezzi per la loro alta velocità. L'aeromezzo pattuglia ad altezza tra i trecento ed i seicento metri di giorno, e tra i seicento ed i novecento metri di notte.

Schema di ricerca a percorsi paralleli

È una ricerca ad ampio raggio che si effettua quando la localizzazione dei sopravvissuti è molto incerta. Molto efficace in acqua ed in terra. Usata abitualmente quando ci sono più unità di ricerca con l'area che viene divisa a zona. Il punto d'inizio è l'angolo di una sub-area sulla traccia a mezzo interspazio dalla cornice che delimita l'area.

Il tracciato di ricerca è composta da rotte parallele ed opposte sul lato lungo della zona.

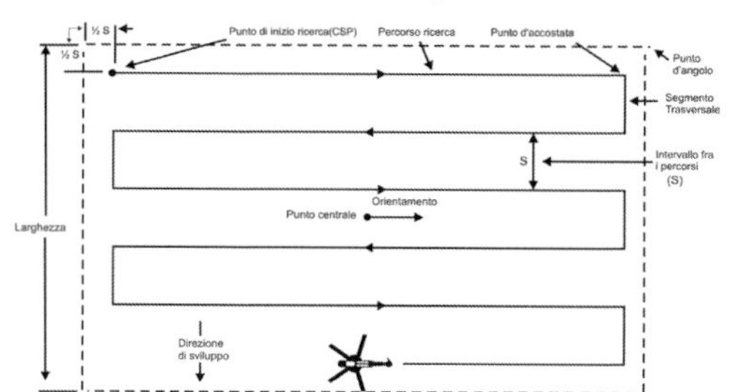

Fig. 129

Gli schemi seguenti rappresentano graficamente il tracciato di ricerca con più navi:

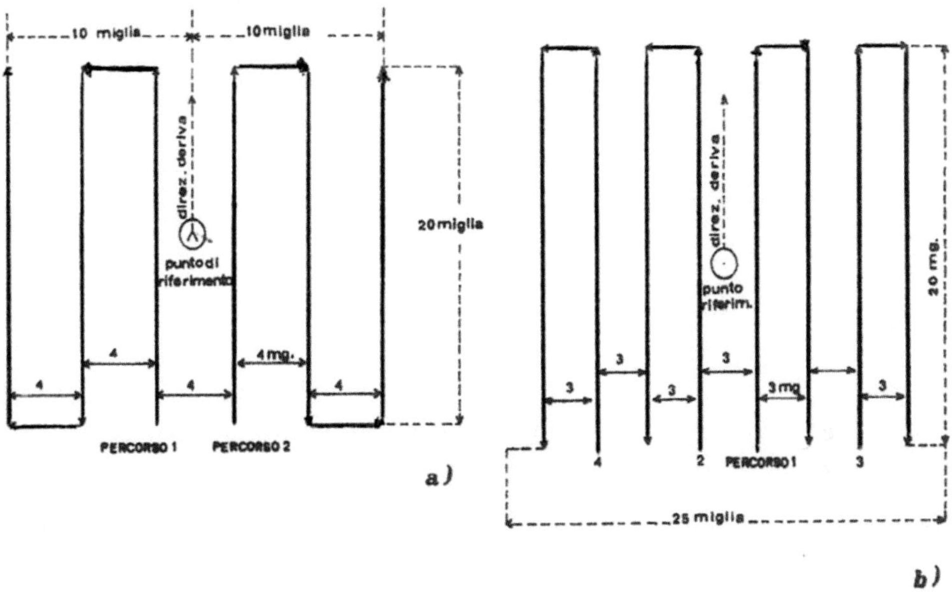

Fig. 130

Fig. 130a nave
A = Percorso 1 nave
B = Percorso 2

Fig. 130 b
Percorso di ricerca a 4 navi

<u>Schema di ricerca coordinata nave ed aereo</u>

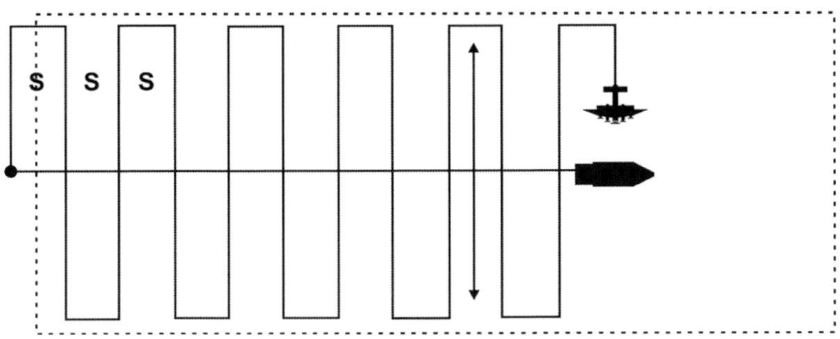

Fig. 131

Quando nella ricerca in mare sono impegnate navi ed aeromobili questa è conseguita facendo uso del tracciato a zig zag. Con questo schema, in effetti, è l'aeromobile che esegue realmente la ricerca mentre la nave, seguendo una rotta prestabilita, ad una determinata velocità, agisce come punto di riferimento per l'aeromobile. Per determinare la velocità della nave si applica la seguente formula:

$Vn = SxVa/(L+S)$

dove: *Vn* = è la velocità della nave; *Va* = velocità dell'aereo; *S* = la distanza trasversale tra i percorsi in miglia nautiche; *L* = la lunghezza in miglia di ogni percorso.

Avvio della ricerca

Quando un'unità di soccorso arriva sul posto prima degli altri, si porta subito sul *datum* ed avvia una ricerca a *quadrato di espansione*.

Se possibile bisogna segnare il *datum* con un oggetto che abbia la stessa deriva dell'oggetto ricercato, ad esempio ammainando una zattera di salvataggio. Questo oggetto deve essere usato come *datum* per tutta la ricerca.

Quando arrivano altre unità soccorritrici, l'OCS sceglie lo schema di ricerca più idoneo e assegna le sub-aree. In condizioni di buona visibilità l'OCS autorizza l'unità che sta effettuando il quadrato di espansione a continuare la ricerca, mentre alle altre affida un diverso schema nella stessa zona.

Con cattiva visibilità oppure per insufficienza di unità soccorritrici, ordina l'interruzione della ricerca alla prima unità e dispone una ricerca a *sentieri paralleli*.

Visibilità ridotta.

Una ricerca a sentieri paralleli, in condizione di cattiva visibilità, pone problemi per le seguenti considerazioni:

- Necessità di ridurre la distanza tra le unità di ricerca con riduzione della sicurezza.
- Perdita di copertura dell'area di ricerca.
- Potenziali rischi di collisione.

Durante lo stato di visibilità ridotta, lo OSC deve ponderare la necessità di ridurre la velocità di ricerca.In alcune circostanze una nave senza radar, deve

valutare la possibilità di lasciarsi scadere rispetto alle altre navi e deve informare l'OSC.
La nave potrà continuare la ricerca quando verrà giudicata in sicurezza la sua posizione.
Se sopravviene una riduzione di visibilità e le navi hanno iniziato un piano di ricerca, questo deve continuare da parte di tutti, nonostante la perdita di copertura.

All'inizio di un pattugliamento con cattiva visibilità, l'OSC deve valutare l'allungamento dei tempi per la velocità ridotta.
Per pattugliare interamente un'area, in particolari condizioni, bisogna giudicare l'eventualità di ridurre gli interspazi. Nel ridurre gli interspazi, vengono ridotte le distanze tra le unità di ricerca e quindi verranno persi alcuni sentieri.

SISTEMI EVACUAZIONE PASSEGGERI

Vi sono vari sistemi di evacuazione per navi passeggeri e da carico in pericolo.

- V.E.C. Viking Evacuation Chute
- V.E.D.C. Viking Evacuation Dual Chute
- V.E.M.C. Viking Evacuation Mini Chute
- M.E.S. Marine Evacuation System
- V.E.M.S. Viking Evacuation Mini Slide
- V.E.L.S.+S.M.S. Viking Evacuation Liferats System & Solas Minislide

Differiscono tra di loro per il sistema di evacuazione tramite tunnel o tramite scivolo.

GONFIAGGIO DELLA PIATTAFORMA E DEL TUNNEL(CHUTE) SISTEMA V.E.C.

All'ordine di "Abbandono Nave" dalla viva voce del Comandante, l'Operatore, addetto alla stazione d'evacuazione, attiva il sistema V.E.C. formato da un cassone con autogonfiabili.

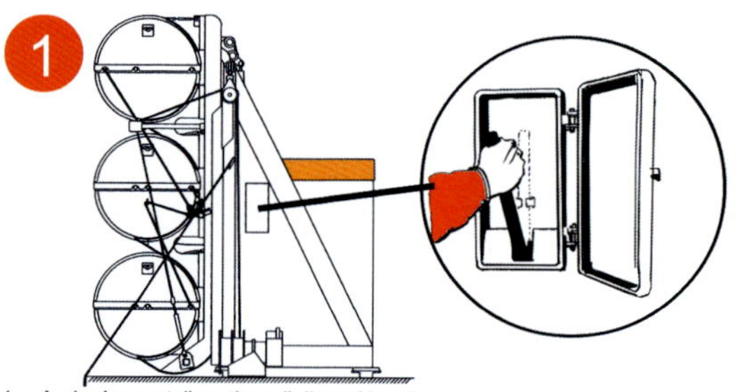

Fig. 132
Per attivarlo bisogna aprire il portello laterale e tirare il dispositivo di sgancio

A questo punto il cassone si capovolge buttando in mare le zattere, e nel cadere stende il tunnel di evacuazione e la conseguente apertura della zattera piattaforma *(→vedi Fig. 132)*.

Fig. 132

Questa è provvista di un cavo di accosto in modo da tenere lo chute e la piattaforma stessa affiancati alla nave. Nel caso vi fosse corrente contraria alla direzione di apertura del tunnel, dalla nave, si metterà in forza il cavo suddetto con il verricello (*whinch*) preposto. Può capitare che la piattaforma risulti alquanto innalzata sul livello del mare in quanto il tunnel non è steso del tutto; sarà l'operatore una volta disceso in piattaforma, tenderlo del tutto.

In contemporanea il personale addetto al F.R.B eseguirà la manovra di ammaino della lancia con sbracciamento della gru e ammaino della stessa.

- Prendere la maniglia del supporto, che è in prossimità del contenitore;
- Premere il pomello nero ed inserire la maniglia nel verricello: mollare il pomello. In questo modo la maniglia si blocca al verricello.

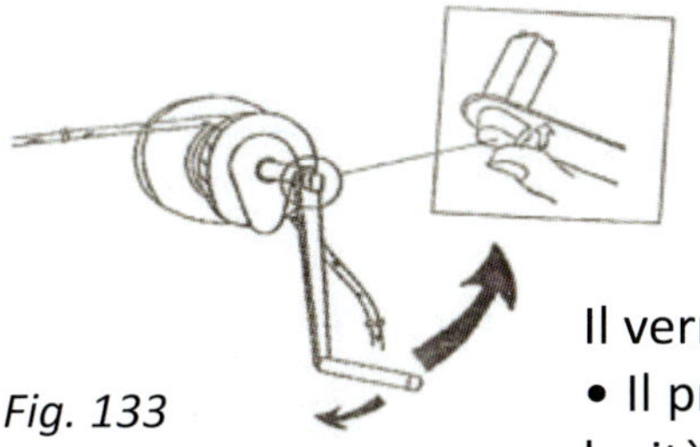

Fig. 133

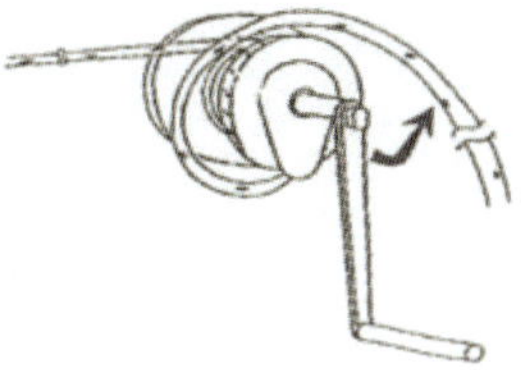

Fig. 134

COME VIRARE IL CAVO D'ACCOSTO

Il verricello del sistema V.E.C. ha due ingranaggi:

- Il primo ingranaggio (*freccia doppia*) lavora a velocità doppia ruotando in senso antiorario. È usato per virare il cavo d'accosto il più velocemente possibile (*quando è in bando*).
- Il secondo lavora a velocità normale quando il verricello è girato in senso orario. Questo ingranaggio è il più potente ed è usato per virare il cavo d'accosto quando è in forza.

COME FILARE IL CAVO D'ACCOSTO

Per filare il cavo d'accosto basta allentare le volte sul tamburo del verricello. In questo modo il cavo scorrerà nel senso contrario alla virata allacciandosi e quindi con la facoltà di essere mollato.

PREPARAZIONE DELLA ZATTERA CHUTE O PIATTAFORMA

Quando la piattaforma ed il tunnel sono completamente gonfiati l'equipaggio addetto all'evacuazione ordina agli addetti della piattaforma di scendere in platea.

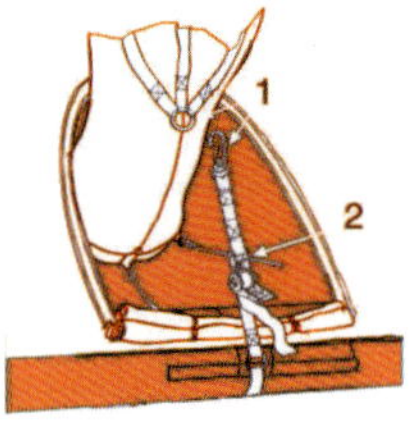

Fig. 135

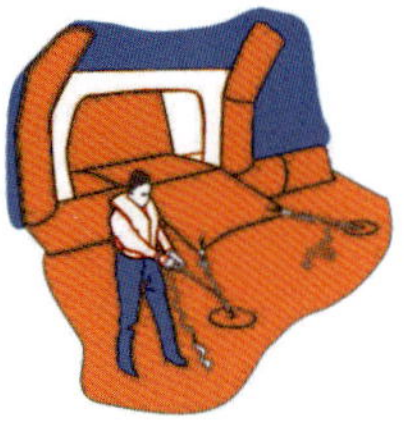

Fig. 136

L'operatore della zattera chute *(→vedi Fig. 135)* deve inserire il moschettone nell'anello (n.1) e tendere lo chute mentre l'operatore destinato alla zattera n.2 *(→vedi Fig. 136)* deve serrare la tela di passaggio fra le due zattere.

Riempita la zattera n. 2 fino alla piena capacità tagliare le cime di passaggio tra le due zattere e staccare i cavi di accosto alla *zattera-chute* (piattaforma) *(→vedi Fig. 137)*. Mollati quindi gli ormeggi, la zattera viene allontanata o a causa della deriva o trainata tramite il rescue boat con la cima di traino che trovasi in uno degli angoli in dotazione della zattera. L'operatore (Fig. 138) della zattera-chute (piattaforma) quindi tira con forza la maniglia del guscio della zattera n.3 per l'autoganfiaggio e ripete le stesse operazioni illustrate in Figura 136 e 137.

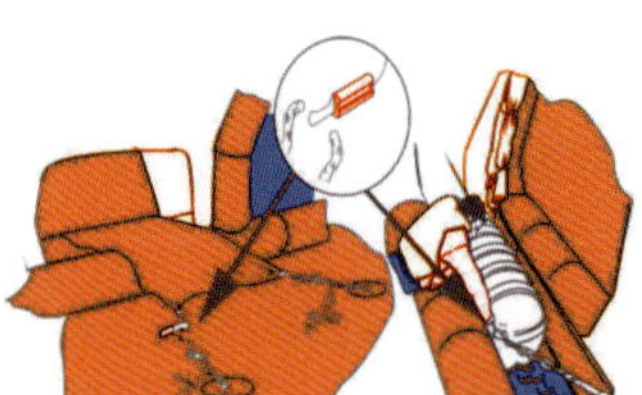

Fig. 137

Fig. 138

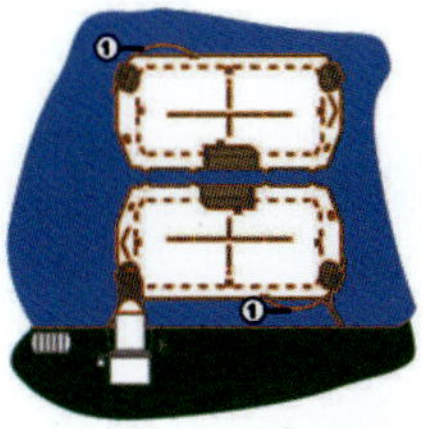

Fig. 139

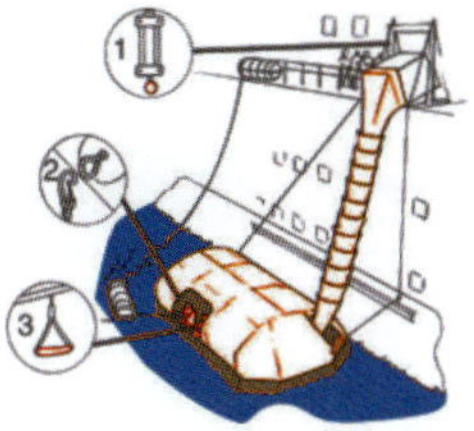

Fig. 140

Fig. 141

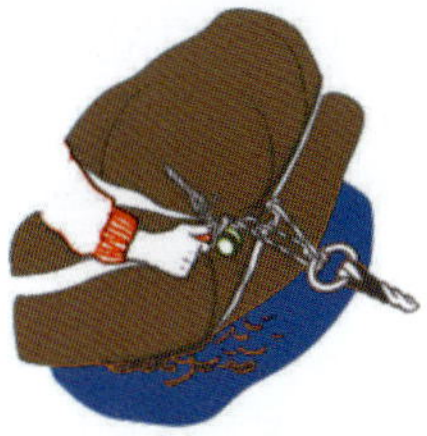

Fig. 142

Nella Figura 139 viene evidenziato il termine dell'operazione di gonfiaggio con la relativa sistemazione pronto per l'imbarco passeggeri (ai punti 1 della figura sono evidenziati le cime di traino). Nella Figura 140 viene illustrato: al punto 1 l'eventuale comando a distanza di sganciamento a mare della zattera; al punto 2 l'aggancio della zattera filata da bordo alla piattaforma; al punto 3 il tirante (barbetta) per l'apertura della zattera. Alla Figura 141 illustrazione del taglio delle cime al termine dell'evacuazione di tutti i passeggeri e nella figura 142 quelle di trattenuta alla nave ai due capi della piattaforma.

SISTEMA VIKING EVACUATION DUAL CHUTE (V.E.D.C)

Il sistema dual chute consiste nella discesa contemporanea da due tunnel per accelerare al massimo l'evacuazione. Nel sistema V.E.C. l'evacuazione totale di 582 passeggeri avviene in 30 minuti con zattere di capacità di 101 passeggeri, con il sistema Dual l'evacuazione totale di 736 passeggeri avviene in 30 minuti con zattere di capacità di 150 passeggeri cadauno. Il V.E.C. e il V.E.D.C. sono stati progettati per un'ulteriore sicurezza durante l'evacuazione per condizioni meteo - marine avverse.

Fig. 139

SISTEMA VIKING EVACUATION MINI CHUTE (V.E.M.C.)

Viene usato per l'evacuazione dei passeggeri a bordo degli aliscafi o dei catamarani. Le operazioni di approntamento delle zattere e della piattaforma nonché del tunnel telescopico di discesa passeggeri è identico a quello illustrato in precedenza.

Fig. 140

SISTEMA MARINE EVACUATION SYSTEM (M.E.S.)

Il sistema prevede l'evacuazione dei passeggeri tramite scivolo (slide) che può essere sia ad uno che a due scivoli. Esso semplifica ancora di più l'accesso dei passeggeri alla piattaforma, inoltre, in caso di avaria di uno scivolo, di usufruire dell'altro. Di seguito mostriamo alcune foto che illustrano il gonfiaggio automatico degli scivoli e la susseguente apertura della piattaforma. L'apertura dell'alloggio (stowage box) del sistema scivolo e piattaforma avviene tramite comando a distanza. A seguire vi sarà lo sganciamento dei zatterini.

Fig. 141-a

Fig. 141-b

Fig. 141-c

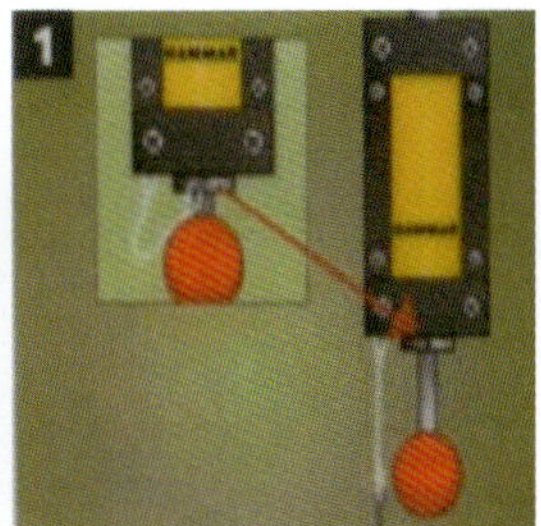

Comando a distanza

Fig. 141-d

Fig. 141-e

Fig. 141-f

Fig. 141-g

Le foto a, b, c mostrano il gonfiaggio dello scivolo e piattaforma.

Le foto d, e, f, g l'invio della prima zattera, il relativo gonfiaggio e evacuazione

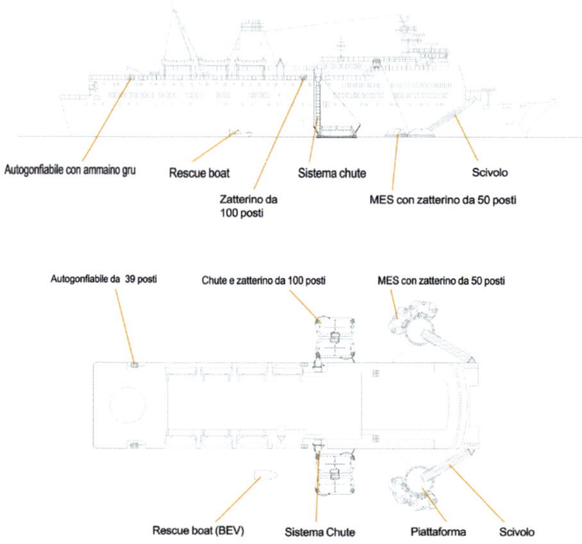

Fig 142 Qui a lato è illustrato lo schema combinato tra il sistema Chute e il sistema M.E.S. a bordo di una nave passeggeri; e l'autogonfiabile con l'ammaino gru a poppavia. Il sistema V.E.M.S. è identico al V.E.M.C. utilizzando però lo scivolo.

SISTEMA DI EVACUAZIONE V.E.L.S. + S.M.S.

Questo sistema è usato per grandi evacuazioni di massa dai ferry-boat alla zattera di salvataggio contenente 500 persone.

Figg. 143-144

PRIMO SOCCORSO SANITARIO

Essere in grado di portare un primo soccorso sanitario alle persone coinvolte nell'emergenza di un naufragio è molto importante. La situazione ambientale risulta difficile per spazio, per aiuti disponibili e condizioni meteo e marine, pur tuttavia alcune pratiche elementari possono alleviare le sofferenze ed evitare l'evolversi negativo dello stato del paziente.

EMERGENZA SANITARIA

I casi che possono verificarsi più frequentemente durante un'emergenza a bordo ed, in particolare, in situazione di sopravvivenza sono:

- Annegamento
- Inalazione di fumi ed ustioni.
- Ipotermia
- Congelamento
- Malattie da calore.
- Emorragia
- Traumi da infortunio
- Insidie del mare.
- Mal di mare

La prima azione del soccorso è il controllo del triangolo della vita: cervello, polmoni, cuore.

Cervello

Fare delle domande semplici all'infortunato:
"Cosa è successo?" – "Dove ti fa male?"
oppure dargli dei comandi:
"Apri gli occhi" – "Stendi la mano".
Guardare la lucentezza degli occhi e cercare di capire se il cervello è vigile.

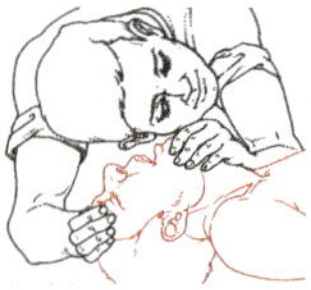
Fig. 145

Respirazione

Il soccorritore s'inginocchia a livello del capo della vittima, si flette su di lui, avvicina la guancia e l'orecchio al naso della vittima per avvertirne il soffio, guarda il torace per scorgere il movimento, valuta il colorito della pelle (*viso, labbra, orecchie, unghie*).

Fig. 146

Cuore

il soccorritore deve rilevare il polso (*si pongono le dita lunghe sul polso del paziente alla base del pollice*) ed i battiti carotidei, ponendo l'indice ed il medio a lato della trachea, vicino al *pomo di Adamo*.

Dalla valutazione dell'esame si decide se porre il paziente in posizione di sicurezza, come raffigurato a lato, oppure se praticare subito la rianimazione.

Fig. 147

RESPIRAZIONE BOCCA A BOCCA

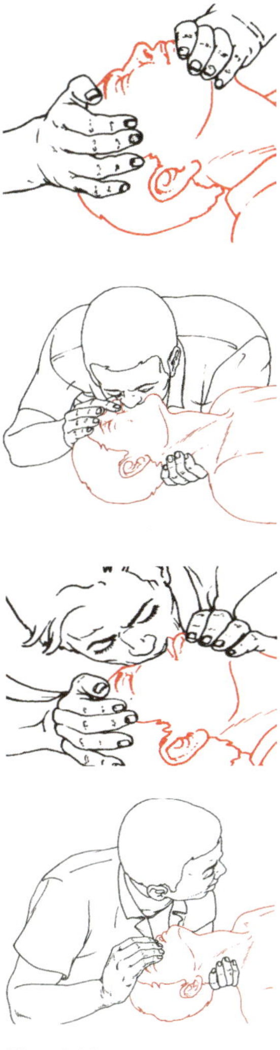

Fig. 148

1. Praticare le prime tre insufflazioni appena possibile, non perdere tempo a ricercare ostruzioni.
2. Eliminare ogni causa di ostruzione o di costrizione a livello del collo. Liberare le vie aeree e togliere tutti i corpi estranei nella bocca e nella gola.
3. Dopo aver esteso il capo dell'esanime, allargare bene la propria bocca inspirare profondamente, serrare le narici dell'infortunato con le dita e applicare le proprie labbra a ventosa intorno alla sua bocca.
4. Per la respirazione bocca-naso, chiudere la bocca dell'infortunato e applicare, la propria bocca intorno al suo naso

   Se possibile, prima di agire, disinfettare la bocca e il naso della vittima e quindi interporre un fazzoletto di stoffa tra la propria bocca e quella della vittima. Il bocca-naso presenta comunque minori rischi di infezione.

5. Durante la manovra di respirazione bocca-bocca il soccorritore manterrà la massima estensione del capo mettendo la sua mano sotto la nuca dell'esanime, oppure portando le dita della sua mano sul mento per sollevarlo verso l'alto L'importante è che la mano non prema mai sulla trachea dell'infortunato.
6. Soffiare nei polmoni dell'infortunato per ottenere il sollevamento del torace. Se il torace non si alza, assicurarsi che le vie aeree siano libere. Ristendere di nuovo dolcemente il capo dell'asfittico e ritentare. Se ancora non c'è movimento significa che le vie aeree sono ostruite.

7. Periodicamente alzarsi leggermente, staccare la bocca da quella dell'infortunato e controllare l'abbassamento del torace. Inspirare nuovamente e riprendere l'immissione d'aria.

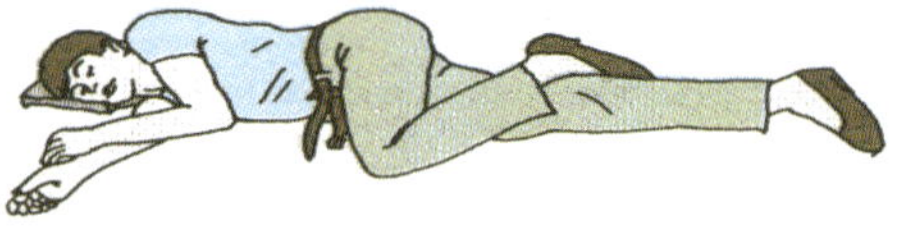

Fig. 149

Controllare, con frequenza, il polso carotideo dell'infortunato per essere sicuro che il cuore batta.

Quando il cuore pulsa normalmente continuare a soffiare al ritmo di 16-18 immissioni il minuto. Appena il curato respira normalmente, metterlo in posizione di sicurezza laterale.

MASSAGGIO CARDIACO

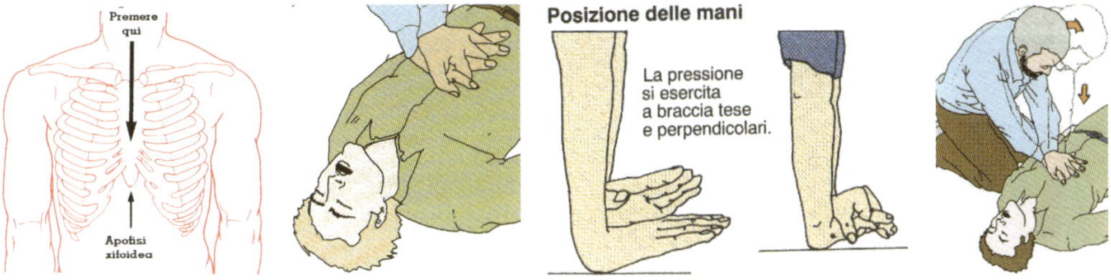

Fig. 150

In presenza di arresto, sia della respirazione che della circolazione sanguigna, è indispensabile praticare il massaggio cardiaco.

1. Stendere il degente sul dorso su un piano duro. Poggiare il palmo della mano sopra l'estremità inferiore dello sterno, tenendo le dita sollevate dalle costole. (Non appoggiare le mani sulle costole né sulla parte inferiore dello sterno)
2. Coprire la prima mano con il palmo della seconda intrecciando le dita.
3. Tenere le braccia tese e portarsi in avanti in modo che le proprie braccia siano in posizione verticale. Comprimere di 3 o 4 centimetri la metà inferiore dello sterno. Sollevarsi per abbandonare la compressione. Eseguire l'operazione di un secondo per 15 volte (contare e...1 e...2 e...3).
4. Stendere il capo dell'esanime e praticare due volte la respirazione bocca a bocca.
5. Continuare con 10 compressioni e due insufflazione. Controllare la pulsazione della carotide ogni minuto.
6. Appena il cuore riprende a battere interrompere il massaggio cardiaco e continuare la respirazione bocca a bocca fino a che l'infortunato non riprende a respirare da solo. Metterlo quindi in posizione laterale di sicurezza.

RIANIMAZIONE CON DUE PERSONE

Quando ci sono due persone disponibili per effettuare la rianimazione, una pratica la respirazione artificiale ed un'altra il massaggio cardiaco. I due si pongono di lato al paziente steso sul dorso. Stendere il degente sul dorso su un piano duro. Poggiare il palmo della mano sopra l'estremità inferiore dello sterno, tenendo le dita sollevate dalle costole. (*Non appoggiare le mani sulle costole né sulla parte inferiore dello sterno*).

La respirazione va effettuata una volta ogni cinque compressione.

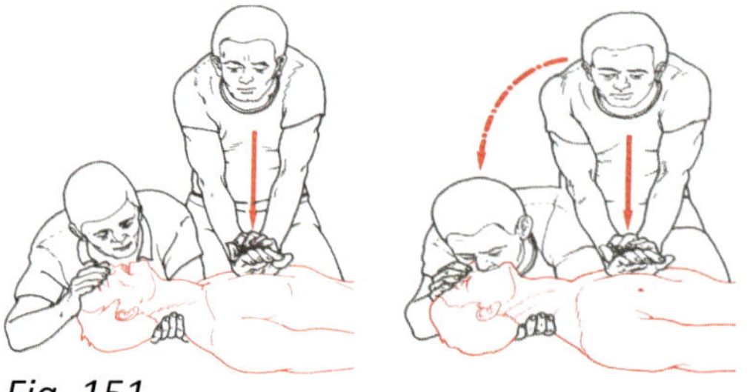

Fig. 151

Queste funzioni vanno praticate ininterrottamente. Il soccorritore che pratica la respirazione controlla le pulsazioni alla carotide frequentemente. Quando riprende la circolazione del sangue, si continua solo con la respirazione finché il paziente non respira da solo.

ANNEGAMENTO

Una persona annegata può presentare sintomi di asfissia per due cause: per inalazione di acqua nei polmoni o per ostruzione delle vie respiratorie. È inutile tentare di drenare acqua dai polmoni. In genere la vittima tende a vomitare una grande quantità di acqua e lo stomaco tende a dilatarsi. Ciò impedisce la respirazione e la circolazione, quindi bisogna aiutare il paziente a liberarsi dell'acqua dallo stomaco ed ad acquietarsi. A questo scopo si deve mettere il paziente su un lato e comprimere sull'addome. Il paziente può anche essere messo riverso ed, in questa posizione, il soccorritore lo aiuta a liberarsi del liquido con le mani, che premono la parte superiore dell'addome. Quando l'annegato non respira è necessario effettuare le seguenti operazioni.

1. Rimuovere ogni corpo estraneo dalla bocca dell'annegato e praticare immediatamente la respirazione artificiale anche in acqua. Tale operazione in galleggiamento è molto difficile.
2. Riportare l'annegato subito sopra un mezzo e poggiarlo su un piano solido. Assicurarsi che respira e che il cuore batta. In caso contraria avviare le pratiche di rianimazione.
3. Quando respira naturalmente metterlo in posizione di riposo, bisogna togliergli gli abiti bagnati e coprirlo con indumenti asciutti. Cercare di tenerlo caldo con ogni mezzo.

INALAZIONE DI FUMO E USTIONI

Durante un disastro in mare, può capitare ad un naufrago di trovarsi in acqua con petrolio infiammato, essere ustionati ed inalare fumi tossici.

I soccorritori devono assicurarsi, appena salvato, che respiri e ci sia polso. In caso contrario avviare subito la rianimazione.
Bisogna togliergli gli abiti bagnati ed ustionati con molta prudenza, usando delle forbici.
Trattare le parti ustionate con acqua fredda per almeno dieci minuti.
Coprire le ustioni con garza o panni di cotone puliti (*non usare ovatta o lana a diretto contatto delle ustioni*).
Mai usare cerotti.
Mai cospargere le ferite con alcool, pomate, oli o grassi.
Non forare le vescicole, non asportare lembi di pelle, non intervenire in nessun modo sulle ferite da ustione.
Non togliere i vestiti che si possono essere attaccati alla pelle.
Fare bere molta acqua al paziente. Le tavolette di sale (cloruro di sodio) possono aiutarlo a recuperare i sali perduti.
Iniziare il trattamento antibiotico.
Se il paziente è molto ansioso si possono dare 5 mg di diazepam.
Nei casi estremi di dolori fortissimi, se nel corredo c'è la morfina, fargli un iniezione.
Può capitare che un naufrago sia anche ricoperto di petrolio. Usare molta cautela nel pulirlo, perché il petrolio potrebbe nascondere ferite o bruciature.
Pulire subito le parti intorno agli occhi ed alla bocca.
Pulire le altre parti con un panno leggero, usare il sapone delicatamente.
Non usare benzina, alcool od altri prodotti similari.

Il metodo preferito di respirazione artificiale per chi ha inalato fumi tossici e assorbito petrolio, può essere il metodo *Silvester.*

Fig. 152 Mettere il paziente supino su una superficie solida con la testa piegata al massimo e sistemare sotto le sue spalle indumenti avvolti od un giubbotto di salvataggio.

Fig. 153 Inginocchiarsi a cavalcioni sulla testa del paziente. Se opportuno piegare la testa del paziente da un lato per lasciare libera la bocca.
Afferrare i suoi polsi ed incrociarli sulla parte bassa del torace Piegare il proprio corpo in avanti e premere sul torace.

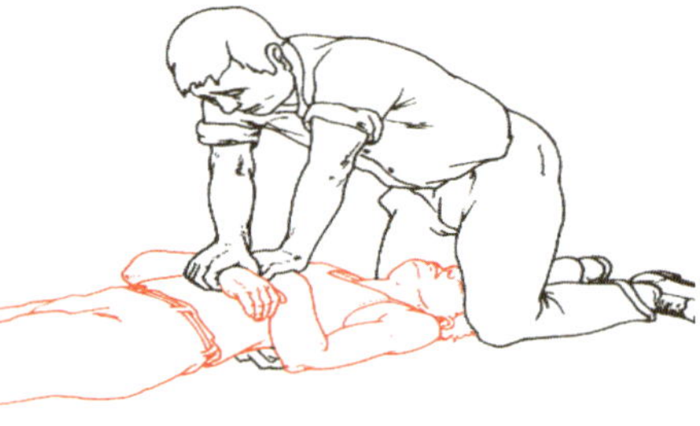

Fig. 154 Annullare la pressione ed estendere rapidamente le braccia del paziente in avanti e lateralmente il più possibile. Ripetere questo movimento ritmicamente venti volte al minuto.
Tenere sempre libera la bocca del paziente.

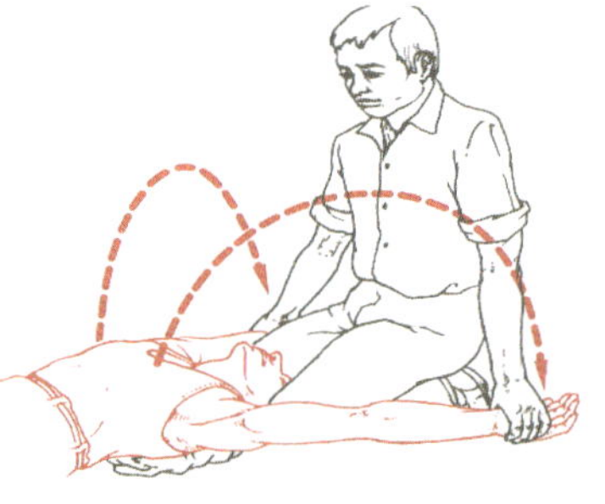

RIASSUNTO DEI PUNTI DA TENERE A MENTE NELL'APPLICARE LA RIANIMAZIONE

Sistemare il paziente supino su una superficie solida.

Se il paziente è incosciente aprigli la bocca; controllare che resti aperta.

- Tenergli le spalle sollevate.
- Spingere la testa all'indietro.
- Pulirgli la bocca con le dita.

Se il paziente non respira praticare la respirazione artificiale.

- Prima di iniziare la respirazione artificiale, controllare il polso carotideo. Se necessario controllarlo dopo un minuto e successivamente ogni cinque minuti.
- Immettere quattro rapidi respiri e continuare con la frequenza di 12 insufflazione al minuto
- Il torace deve sollevarsi ed abbassarsi. Se ciò non avviene assicurarsi che la testa del paziente sia piegata indietro il più possibile.

Se il polso è assente, iniziare il massaggio cardiaco esterno. Se possibile utilizzare due soccorritori. Non aspettare.

- Localizzare il punto di compressione (parte medio-bassa dello sterno).
- Comprimere lo sterno 4- 5 cm, da 60 ad 80 volte il minuto.
- Se C'è un solo rianimatore – Eseguire 15 compressioni e due rapide insufflazioni.
- Se ci sono due rianimatori – Eseguire un insufflazione ogni cinque compressioni.

L'esame delle pupille è importante. Se esse appaiono sensibili alla luce, ciò dimostra che il cervello sta ricevendo sufficiente sangue ed ossigeno.

INIEZIONE INTRAMUSCOLARE

Dato che il corredo medico di un mezzo di salvataggio prevede l'uso di siringhe per l'antibiotico, è opportuno dare istruzioni di come va fatta un'iniezione intramuscolare.

L'operazione è semplice.

L'importante è mantenere sterili gli attrezzi. Le zone corporee più idonee per l'iniezione intramuscolare sono i quarti esterni dei glutei. Si aspira l'acqua distillata dalla fiale e si inietta nel flaconcino. Si estrae la siringa, facendo attenzione di appoggiarlo su una garza sterile, e si scioglie la polvere. Si introduce di nuovo l'ago della siringa nel flaconcino e si aspira il medicinale. Si estrae di nuovo la siringa e si appoggia sulla garza sterile. Se dopo l'aspirazione del medicinale dovessero apparire delle bollicine d'aria nella siringa, con piccoli colpi delle dita sulla stessa, si fanno arrivare in alto e si espellono, pompandole fuori.

Si pulisce il punto dove si effettuerà l'iniezione con un batuffolo impregnato di alcool. Si introduce perpendicolarmente alla superficie individuata, l'ago della siringa nella pelle per tutta la sua lunghezza per superare lo strato di grasso. Si aspira e, se si dovesse aspirare sangue, si ritira l'ago e lo si introduce in un'altra zona; quando nell'aspirare non appare sangue si inietta lentamente la medicina.

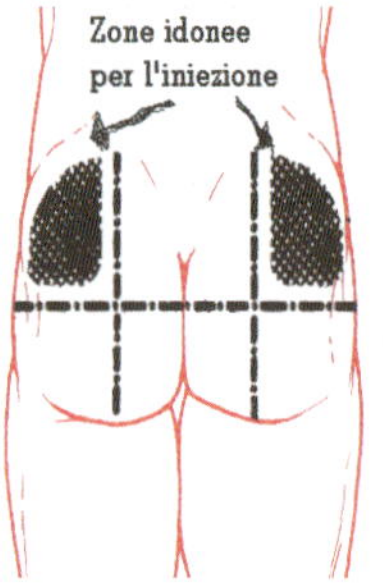

Fig. 155 - a

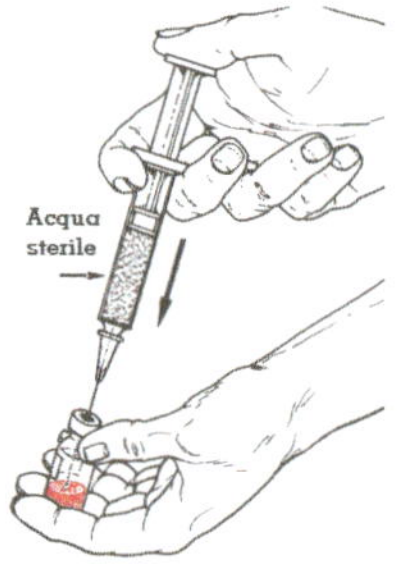

Fig. 155 -b

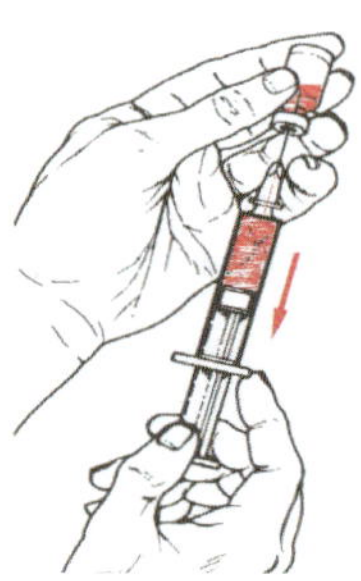

Fig. 155 -c

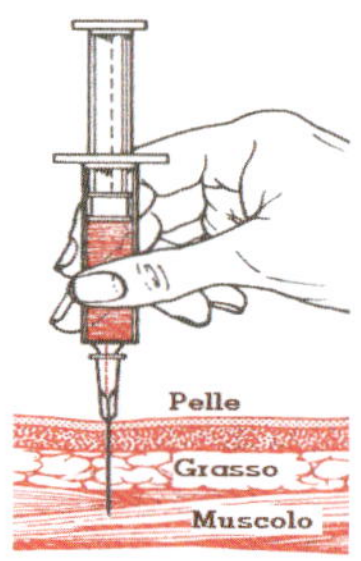

Fig. 155 -d

IPOTERMIA

L'ipotermia è la causa principale di decessi tra i sopravvissuti ad un naufragio. In un ambiente freddo, se il calore perso è superiore al calore prodotto dall'organismo, si abbassa la temperatura del corpo e subentra l'ipotermia. Questo fenomeno si presenta, in molti casi, nei naufraghi recuperati dal mare freddo, ma può essere anche causata da lunga esposizione al vento. I colpiti appaiono sorprendentemente pallidi, presentano una generalizzata rigidità muscolare, sono percorsi da forti brividi e mostrano diversi gradi di incoscienza o di shock. Nel caso di salvataggio di naufrago con sintomi di ipotermia, bisogna subito svestirlo dei panni bagnati, rivestirlo con abiti asciutti e coprirlo con coperte.

Evitare assolutamente di fargli ingerire alcolici.

Importante è suscitare in lui la voglia di vivere. Se è possibile prendergli la temperatura rettale.

- Appena salvato, controllare la sua respirazione.
- Se il naufrago non respira iniziare subito la respirazione bocca a bocca.
- Gli sforzi per la rianimazione devono continuare per almeno trenta minuti.
- Se non si sente il polso carotideo, praticargli anche il massaggio cardiaco. **In un soggetto affetto da grave ipotermia il cuore batte debolmente e questi battiti sono difficili da rilevare. Cercare di rilevare il polso carotideo per almeno un minuto.** Un massaggio cardiaco prematuro è pericoloso in presenza di ipotermia grave.
- Se il paziente respira, ma è in stato di incoscienza, stenderlo in posizione di sicurezza.
- Evitare ogni strapazzo. Se è il caso, non rimuovergli neanche i vestiti bagnati e non fargli alcun massaggio.
- Evitargli qualsiasi ulteriore perdita di calore con la traspirazione o l'esposizione al vento. Avvolgerlo in coperte.
- Evitare di dargli qualsiasi cosa da bere o da mangiare. Il liquido potrebbe finire nei polmoni oppure potrebbe sopravvenire il vomito, obbligandolo a consumo di energia.
- Importante è riscaldare il corpo. Riscaldare le sole estremità può essere controproducente.
- Tenerlo a contatto con il calore di altri corpi

Importante: Non ritenere mai deceduta una persona affetta da ipotermia anche se respiro e cuore sembrano assenti.

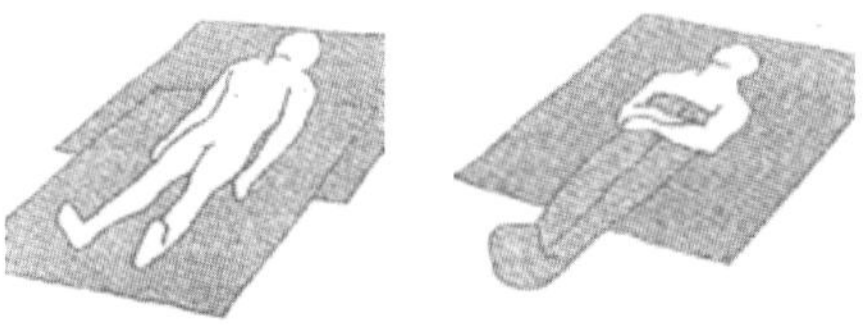

Fig. 156-a

1) Avvolgere con un foglio di plastica, prima, se possibile.

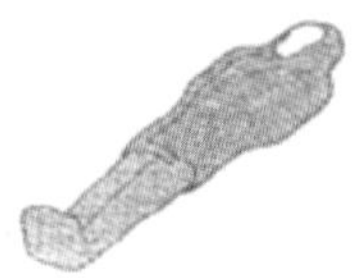

Fig. 156-b

2) Servirsi di due coperte di lana. Avvolgere l'infortunato con la seconda coperta

Fig. 156-c

3) Riscaldamento rapido con il metodo dello "scambiatore di calore"immergere mani e piedi in acqua a 42°/44° - Coprire l'infortunato

MALATTIE DEL FREDDO

Le ferite da freddo su alcune parti del corpo, il volto e gli arti, sono causate dall'esposizione dei tessuti e dei vasi sanguigni superficiali alle temperature rigide. Queste ferite sono causate da diversi fattori: temperatura, durata dell'esposizione, velocità del vento, umidità, tipo di vestiti e indumenti bagnati. La rilevanza della ferite è correlata all'affaticamento, alla sensibilità personale, alla presenza di lesioni, alla stato emozionale, al fumo ed all'uso di alcolici.

L'effetto del congelamento può manifestarsi con tre casi

GELONI

Questa forma lieve dell'effetto del freddo compare in clima moderatamente freddo, temperatura tra lo 0° ed i 16°. I geloni interessano particolarmente le dita, il dorso della mano, le orecchie e qualche volta la parte anteriore delle gambe. Essi si manifestano con un arrossamento bluastro della pelle, lieve gonfiore, prurito con la sensazione di scottatura che si accentua con il calore. Generalmente essi scompaiono quando ci si sottrae all'esposizione al freddo, ma possono peggiorare nel tempo, con aumento del gonfiore e ulcerazione delle parti. Se si dispone di vaselina, un leggero strato di crema è idoneo a proteggere. In ogni caso è giusta una buona protezione con panni di lana asciutta.

PIEDI GELATI

Tale malattia colpisce i piedi e le caviglie delle persone che si trovano in un mezzo di salvataggio, in un clima con meno di 10° di temperatura dopo circa dodici ore. I sintomi sono: gonfiore del piede e della caviglia, pallore della pelle, intirizzimento, pizzicore, prurito, sofferenze e crampi.

Mantenere il piede asciutto e caldo. Slacciare le scarpe ed eventualmente levarle. Tenere il piede sollevato. Mettere calze o indumenti asciutti di lana. Muovere spesso le dita e la caviglia. Non massaggiare la parte. Possibilmente mettere il piede sotto le ascelle di un'altra persona.

Congelamento

È l'effetto più dannoso procurato dal freddo. In questo caso c'è la distruzione di tessuti che può essere più o meno estesa. In genere le parti interessate sono le dita delle mani e dei piedi, le guance, le orecchie ed il naso. Se l'esposizione al freddo si prolunga possono essere interessate anche le braccia e le gambe. La parte risulta coperta da ghiaccio e la pelle è bianca o giallognola. Il dolore è forte. Spesso la parte si presenta solo molto fredda ed intirizzita, con senso di pizzicore e sofferenza.

A rischio di questo pericolo sono le persone poste di vedetta o comunque esposte all'intemperie. Nei climi freddi ridurre al minimo i turni di guardia all'esterno e offrirgli tutte le protezioni possibili. Nei mezzi non protetti da tende stare il più vicino possibile gli uni agli altri sotto le coperte.

Quando il danno è superficiale, solo la parte esterna risulta rigida, mentre la parte sottostante si mantiene molle. Quando invece il danno è accentuato tutta la parte risulta rigida. Allo scongelamento la parte si arrossisce e diventa tumida, può successivamente insorgere la cancrena e la necrosi dei tessuti.

È vietato categoricamente l'uso di alcolici o di qualsiasi tipo di unguento.

L'azione primaria è di porre al caldo l'infermo. Togliergli gli indumenti freddi e bagnati e qualsiasi forma di costrizione come scarpe e guanti. Vestirlo di indumenti caldi e asciutti. Nell'imbarcazioni gli indumenti potrebbero essere riscaldati, ma non troppo, sullo scarico del motore. Altre persone potrebbero dare, al paziente, gli abiti che stanno indossando. Egli va avvolto sempre in coperte calde. Altri possono riscaldargli, con il proprio corpo, il posto dove metterlo a riposare. Senza soffocarlo, ci si può adagiare intorno dando il proprio calore.

Non fare camminare o muovere il paziente e non massaggiargli alcuna parte.

Se possibile creare un'intelaiatura che impedisca alle coperte di toccare le parti affette dal congelamento e tenere queste parti sollevate.

MALATTIE DEL CALORE

Scottature da sole

Nelle zone tropicali, ma non solo, le scottature da sole sono tra i pericoli più ricorrenti. Esse possono raggiungere il terzo grado di ustione se vengono trascurate. Inizialmente si presentano come un semplice arrossamento della pelle, edema e secchezza della pelle. Possono essere accompagnate da dolori localizzati, febbre, nausea, vomito, diarrea, debolezza e spesso prostrazione. Quando si è a bordo di un mezzo di salvataggio occorre essere sempre coperti e mai guardare il sole ed i suoi riflessi nell'acqua. Indossare sempre gli occhiali da sole ed evitare di esporsi al sole forte. Tenersi sempre al riparo sotto la tenda e se, non ci dovesse essere, improvvisarne qualcuno con i mezzi a disposizione. Il trattamento di queste affezioni è raffreddare la parte con acqua e cospargerla di unguento previsto nella dotazione dei medicinali, ma la migliore cura è la prevenzione.

Disidratazione

Durante la permanenza su un mezzo di salvataggio nel calore della zona torrida, bisogna cercare di non incorrere nel pericolo della disidratazione che è conseguenza dell'eccessiva sudorazione. Limitare al minimo i movimenti e tenersi all'ombra della tenda. Rinfrescarsi spesso con l'acqua di mare, magari tuffandosi in mare con il giubbotto e legato ad una sagola per non sprecare energie. Nelle zattere sgonfiare il pavimento e buttare acqua di mare sulla tenda.

In genere per la distribuzione dell'acqua si evita di consumarne nelle prime 24 ore, quindi si consuma circa mezzo litro al giorno. La disidratazione è accentuata da vomito, diarrea e presenza di ustioni e si presenta con sete eccessiva, temperatura elevata, cute asciutta, occhi spenti, secchezza della bocca e della lingua, scarsa emissione di urine dense e scure, nervosismo ed a volte allucinazioni. L'unico rimedio è fornire acqua a sufficienza e far prendere delle pasticche di sale per reintegrare le perdite saline al malcapitato. Non bere acqua di mare.

Colpo di sole

Il colpo di sole è un'affezione che comporta un'alta mortalità. Essa è conseguenza del blocco della traspirazione e sudorazione. I primi sintomi sono mal di testa, malessere ed eccessiva sensazione di calore, ma rapidamente subentrano la perdita di conoscenza, le convulsioni ed il delirio. La pelle è calda, arrossata e secca. Nei casi peggiori possono apparire piccoli punti circolari sanguinolenti. La temperatura corporea è superiore ai 41° mentre quella rettale supera i 42°. Il polso è rapido e forte e supera le 160 pulsazioni al minuto. La respirazione è rapida e profonda. Le pupille degli occhi prima sono contratte e poi si dilatano. La muscolatura è contratta, si presentano crampi, convulsioni e conati di vomito cui può seguire il collasso circolatorio ed un profondo shock.

Bisogna subito intervenire per abbassare la temperatura del corpo. Il paziente va subito svestito ed immerso in acqua a temperatura di 20°. In alternativa bisogna portarlo all'ombra, coprirlo con coperte intrise d'acqua e bagnarlo con acqua fredda fin quando la temperatura non cala. Questa va misurata ogni dieci minuti ed evitare che scenda al di sotto di 38,5°. Bisogna massaggiare in continuità ogni parte del corpo per consentire al sangue fresco di arrivare al cervello.

Crampi da calore

I crampi da calore colpiscono le persone che lavorano in ambienti dove c'è un'alta temperatura.

La malattia comporta forti dolori e spasmi dei muscoli addominali e dello scheletro, ed è conseguenza di forte sudorazione senza la compensazione dei sali perduti. Il paziente giace a terra con le gambe sollevate mentre grida dal dolore. La pelle è pallida ed umida. In genere non c'è perdita di conoscenza.

Il paziente deve essere portato al fresco e fatto bere acqua con aggiunta di un cucchiaino di sale per ogni bicchiere. Subito bisogna fargli bere mezzo bicchiere d'acqua e quindi continuare ogni quarto d'ora finché non cessano i i crampi. Massaggi e pressioni con le mani vanno fatte sui muscoli per alleviare il dolore.

Colpo di calore

Il colpo di calore è conseguenza dell'eccessivo consumo di liquidi e di sali. La circolazione di organi vitali come il cuore ed il cervello risente il ristagnare del sangue nei vasi periferici per raffreddare l'organismo. I capillari si contraggono per compensare questa deficienza della circolazione. Il paziente appare pallido e umido. Spossatezza, capogiri, nausea, appannamento della vista e lievi crampi sono i sintomi di un possibile attacco.

All'apparire dei sintomi il paziente deve essere messo seduto con la testa piegata sulle ginocchia, quindi deve essere posto sdraiato con tutti gli abiti slacciati e la rimozione di qualsiasi oggetto che lo stringe (orologio, bracciale, collanina etc..). Mezzo bicchiere d'acqua con l'aggiunta di un cucchiaino di sale gli deve essere subito somministrato, quindi l'operazione va ripetuta ogni quarto d'ora. Il paziente deve essere tenuto al fresco per molto tempo e deve evitare l'esposizione alle alte temperature.

EMORRAGIA

Il corpo umano contiene circa 5 litri di sangue ed una perdita di circa mezzo litro di liquido può essere sopportata dall'organismo, ma una perdita maggiore mette in pericolo di vita. Per questo le emorragie devono essere subito poste sotto controllo.

Un'emorragia può essere esterna o interna.

I segni ed i sintomi di un'eccessiva perdita di sangue sono: fiacchezza o svenimento, capogiri, pallore, pelle umida, nausea, sete, inappetenza, polso veloce e debole, respiro corto, pupille dilatate, ronzio alle orecchie, irrequietezza ed apprensione. Il paziente può venir meno e subire il blocco della respirazione. La quantità dei sintomi e la loro intensità indicano quando rapidamente si perde sangue ed in che ammontare.

L'emorragia va controllata sollevando la parte del corpo interessata e comprimendo il punto dove è localizzata la ferita. Il sistema più semplice per fermare un emorragia è di mettere una garza od un panno pulito sulla ferita e comprimere con il palmo della mano. Si può anche sistemare una benda incrociandola sulla prima garza e stringerla. Non interrompere la circolazione a valle della ferita. Quando la medicazione è ben fatta, deve restare in posto per almeno 24 ore. In presenza di una ferita emorragica, la pressione deve essere applicata sulla ferita e l'arto colpito o la testa devono essere tenuti ben sollevati per ridurre la pressione sanguigna nella zona. Quando la pressione diretta sulla ferita non è sufficiente bisogna comprimere l'arteria principale a monte della ferita. Poiché questa operazione blocca la circolazione sotto la ferita essa deve essere attivata solo se indispensabile e giusto per il tempo sufficiente a fermare l'emorragia.

I punti di pressione sono indicati dalle figure riportate sotto. Poiché gli arti sono i più esposti a questo pericolo si precisa che il punto di pressione dell'arteria brachiale è localizzato a mezza via tra il gomito e l'ascella in prossimità del muscolo largo. Per comprimere questa arteria bisogna appoggiare il pollice all'esterno del braccio mentre le dita comprimono la parte interna. La pressione si ottiene stringendo le dita. Il punto di pressione dell'arteria femorale è situato giusto sotto la metà della piega dell'inguine. Prima di applicare la pressione il paziente deve essere posto supino. La compressione va fatta col calcagno della mano mentre si tiene la gamba ferma.

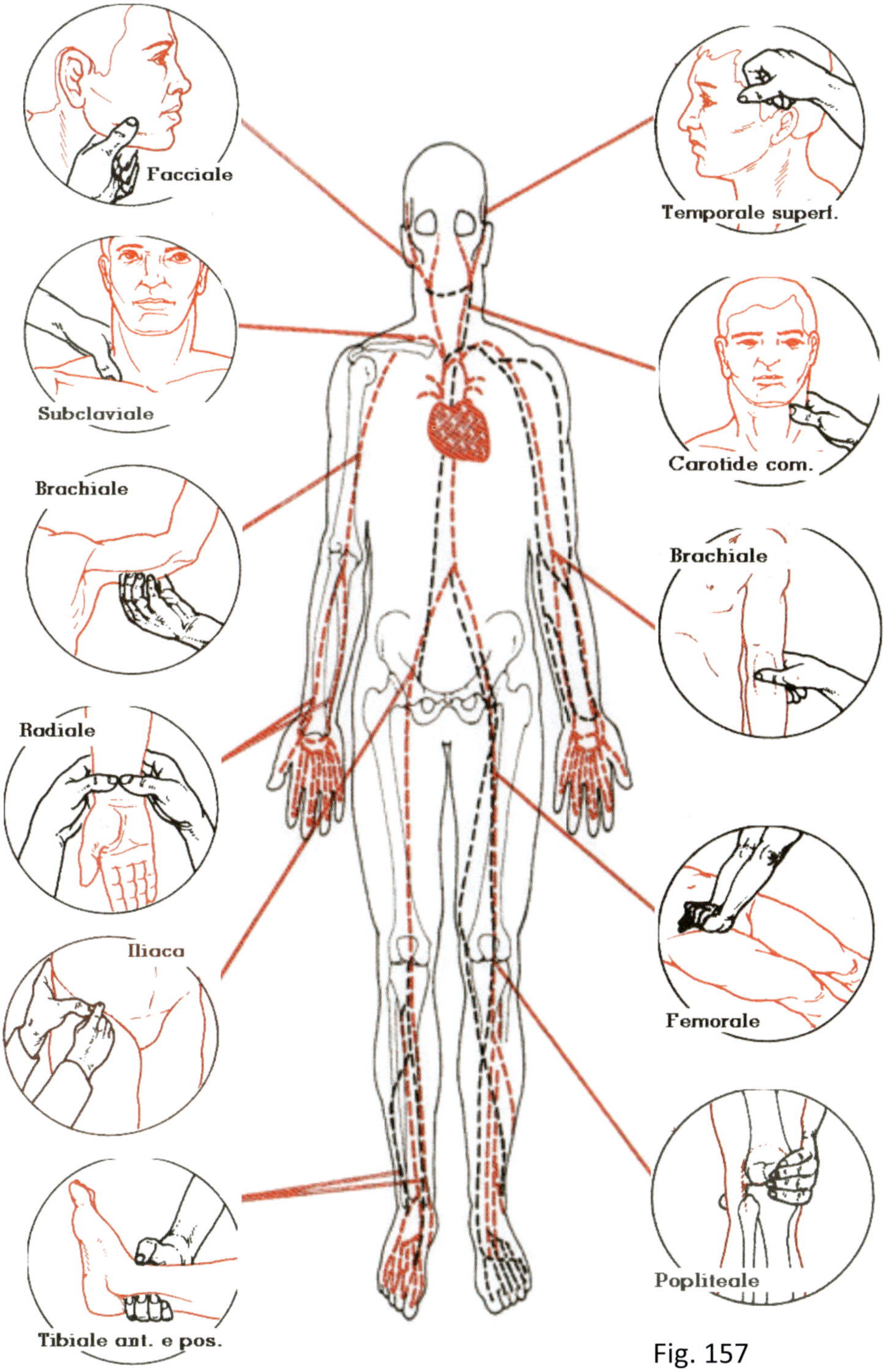
Facciale
Temporale superf.
Subclaviale
Carotide com.
Brachiale
Brachiale
Radiale
Iliaca
Femorale
Tibiale ant. e pos.
Popliteale

Fig. 157

Uso del tornichetto

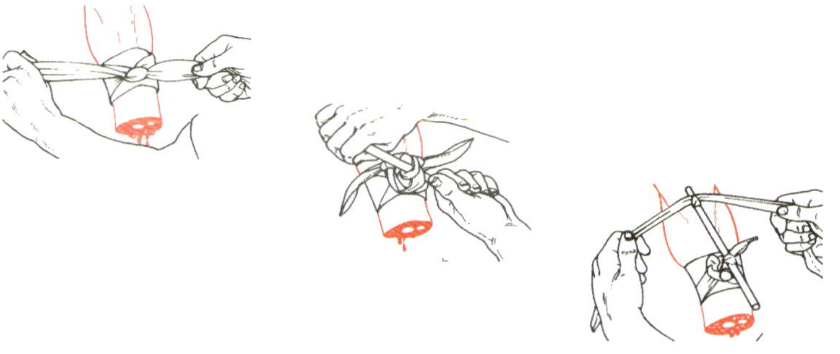

Fig. 158

In presenza di emorragie gravi agli arti si può far uso di un tornichetto come mostra il disegno. Questo attrezzo va usato in casi estremi. Rilasciarlo periodicamente e lentamente ogni 20 minuti anche se ciò può comportare perdite di sangue e pericolo di shock.

STATO DI SHOCK

Lo stato di shock può essere provocato da: emorragia interna ed esterna, perdita di plasma per ustioni gravi, disidratazione, vomiti e diarrea, crisi cardiaca, traumi gravi, grandi emozioni o spaventi.
I sintomi: polso debole, frequente ed irregolare, respiro affannoso, pallore, labbra bluastre, pelle fredda e umida, sudore, debolezza, stordimento, ansietà, agitazione, vomito, sete, freddo, tremiti.

Soccorso: rassicurare il paziente, se le condizioni lo consentono sdraiarlo e sollevargli gli arti inferiori (purché non siano presenti fratture).
Non muovere il paziente se si temono fratture alla colonna vertebrale. Coprirlo con coperta e tenerlo caldo, ma non troppo. Non usare borse calde. Slacciare gli abiti ed eliminare qualsiasi costrizione. Arrestare eventuali perdite di sangue, coprire le ustioni, immobilizzare le fratture Se ha sete umettargli le labbra ma non dargli da bere. Controllare respiro, polso e reazione agli stimoli ogni 10 minuti. Se vomita o perde conoscenza metterlo in posizione di sicurezza. Se respiro e battito si fermano praticare la rianimazione.

Otorragia

Mettere il paziente in posizione semiseduta con il capo inclinato dal lato della perdita sanguigna. Coprire con garza e fasciare l'orecchio.
Non tappare mai l'orecchio. Trattamento da shock.

Epistassi

Mettere seduto il paziente con la testa reclinata in avanti. Farlo respirare con la bocca e fargli pinzare le radici con il pollice e l'indice. Fargli sputare il sangue eventualmente presente in bocca. Ogni dieci minuti rilasciare le nari per controllare se l'emorragia si è causticata. Non fargli alzare la testa. Evitare l'uso di cotone emostatico, se non indispensabile.

TRAUMA DA INFORTUNIO

Il trauma da infortunio può presentare ferite più o meno gravi e fratture alle ossa. Tenendo presente che nella situazione di naufrago ci sono a disposizione pochi presidi sanitari e che il più delle volte si deve improvvisare, ci si può solo adeguare a consigli di carattere generale.

FERITE

La ferita è una lesione della pelle o della mucosa che, a seguito di un avvenimento traumatico perdono la loro integrità. Una lesione caratterizzata dal mantenimento della continuità della cute è invece la contusione e l'ematoma.

Norme igieniche:

- Lavarsi accuratamente le mani con acqua e sapone
- Detergere la ferita con acqua corrente, eventualmente sapone, al fine di togliere lo sporco

Ferita contenente un corpo estraneo

Se il corpo estraneo non si può estrarre senza rischio, coprirlo delicatamente con una garza o un fazzoletto pulito. Mettere una ciambella di stoffa attorno al corpo estraneo per non premere su di esso e assicurarlo con un bendaggio che non passi sul corpo estraneo. Sollevare la parte lesa e immobilizzarla più distante possibile dalla ferita.

Ferita all'occhio

Fare sdraiare l'infortunato sul dorso e tenergli la testa immobile. Non tentare di togliergli il corpo estraneo dall'occhio. Fare chiudere l'occhio al paziente e ricopritelo con garza sterile e bloccarlo con un bendaggio. Consigliare all'infortunato di non muovere l'altro occhio, eventualmente bendare anche quello.

Ferita al cuoio capelluto

Arrestare l'emorragia praticando la compressione locale, quindi mettere una garza e fasciare la testa. Se c'è pericolo di frattura o corpo estraneo non praticare la compressione. Se l'infortunato è cosciente farlo sdraiare con il capo e le spalle leggermente rialzate. Se è incosciente sdraiarlo nella posizione di sicurezza.

Ferita del palmo della mano

Per arrestare l'emorragia mettere una garza sterile sulla ferita e comprimere. Chiedere al paziente di stringere il pugno ed eventualmente aiutarsi con l'altra mano. Sollevare il braccio. Bendare il pugno ben stretto e legare sulle dita per tenere ben chiuso il pugno. Sostenere il braccio con una sciarpa.

Ferita penetrante del torace

Chiudere la ferita con il palmo della mano. Mettere il ferito in posizione semiseduta sostenendo testa e spalle. Inclinarlo dalla parte della ferita per consentire al polmone sano di respirare. Ricoprire la ferita con una medicazione. Se l'infortunato è senza coscienza metterlo in posizione laterale di sicurezza con la parte sana rivolta verso l'alto.

Ferita addominale

Mettere il ferito sdraiato con le gambe piegate, mettendo qualcosa sotto le ginocchia. Medicare la ferita con garza e bende. Se il paziente è incosciente, sostenere l'addome e metterlo in posizione laterale di sicurezza. Non somministrare niente per bocca.

Se il ferito tossisce o vomita sostenergli l'addome e premere con i vestiti per evitare la fuoriuscita delle budella. Se l'addome fuoriesce non toccarla, coprirla con un tessuto pulito e fermare tutto con bendaggio morbido. In questo caso il ferito viene sdraiato e tenuto con le gambe piegate, protetto da una coperta.

FRATTURE

La frattura è un interruzione completa o incompleta dell'integrità dell'osso. Tutte le fratture vanno trattate con attenzione. Manovre errate di persone inesperte possono accentuare il danno. Se il paziente deve essere spostato farlo con la massima delicatezza e oculatezza. L'infortunato con fratture non dovrebbe essere spostato. Metterlo nella posizione più confortevole possibile ed immobilizzare la parte lesa. Emorragia grave, difficoltà respiratorie e stato di incoscienza devono essere affrontate prima della frattura. Immobilizzare la frattura nella posizione in cui si trova il ferito. Non muovere la parte lesa se non è indispensabile. L'immobilizzazione deve arrestare i movimenti ma non deve bloccare la circolazione o provocare dolore.

FRATTURE ESPOSTE

Se l'osso sporge coprire con garza e bendare delicatamente. In caso di emorragia praticare la compressione a distanza. Dopo aver bendato porre un tarallo di stoffa intorno alla parte fuoriuscita e bendare senza premere sull'osso. Se l'arto non è deformato sostenerlo al collo con una sciarpa. Toccare la lesione il meno possibile perché le infezioni dell'osso e del midollo sono molto rischiose e difficili da curare.

FRATTURE DELLA TESTA

La scatola cranica è un'ottima protezione per la testa, ma anch'essa è soggetta a fratture. La frattura del capo produce a volte lesioni o commozione cerebrale o perdita di conoscenza. Ogni trauma cranico deve essere considerato grave. I sintomi sono: segni evidenti di trauma cranico, sangue o liquido cefalo-rachideo che esce dall'orecchio o dal naso, occhio rosso e palpebre nere, pupille inegualmente dilatate, temporanea perdita di coscienza.

Se l'infortunato è cosciente metterlo semiseduto con testa e spalle appoggiate: tenerlo sotto controllo continuo. Se esce del liquido dall'orecchio piegare il capo dal lato della lesione. Mettere una garza sterile ma non tappare l'orecchio. Se l'infortunato è incosciente porlo in posizione di sicurezza laterale. Controllare polso, respiro e lucidità ogni quarto d'ora.

FRATTURA DELLA MANDIBOLA

Dolore nel muovere la mandibola, irregolarità nel parlare, presenza in bocca di bava e sangue, ipersensibilità, irregolarità nella palpazione dei bordi della mandibola. Assicurare la respirazione, fermare le emorragie, far sedere l'infortunato con il capo reclinato in avanti, sostenere la mandibola con una medicazione densa e tenerla con una fascia sopra la testa, tutto delicatamente. In presenza di vomito tenere la mandibola con le mani. In caso di incoscienza mettere il malato in posizione di sicurezza laterale con un cuscino sotto la parte lesa.

Frattura alla Colonna Vertebrale

Su un mezzo di salvataggio è difficile questo tipo di frattura, comunque se dovesse capitare bisogna evitare di spostare il paziente. Per diagnosticare questo tipo di frattura si chiede all'infortunato se sente qualche formicolio ai piedi ed alle gambe. Il formicolio indica la presenza di qualche pressione sul midollo spinale. Si chiede di muovere le dita dei piedi, se non ci riesce può essere presente un grave danno al midollo. Infine si fanno scorrere leggermente le dita sopra la pelle della parte inferiore delle gambe e dei piedi. In mancanza di sensibilità può esserci grave danno al midollo.

Se arriva un elicottero od altro soccorso bisogna poggiarlo su una barella ed allora si seguono le seguenti procedure: sistemare dei cuscini tra le gambe o qualcosa di simile. Fare una fasciatura ad otto sui piedi e le caviglie. Non far fare nessun movimento di piegatura della spina dorsale. Per porlo disteso mettere in trazione i piedi e la testa. Annodare una benda attorno ai gomiti ed alla parte centrale delle cosce per costringere il paziente a restare rigidamente disteso.

Preparare la barella e quindi eseguire le operazioni descritte dalle figure.

Fig. 159

Durante le operazioni, che vanno eseguite lentamente, due persone devono tenere in trazione la testa ed i piedi.

FRATTURA AL COLLO

Avere le stesse cure della frattura alla colonna, mettere il paziente disteso e cercare di fare un collare intorno al collo con qualcosa di soffice e quindi legarvi una fasciatura.

FRATTURA DELLE COSTOLE

Far sedere il paziente, se il dolore è molto forte, farlo sistemare semiseduto inclinato verso la parte lesa. Sostenere al collo l'arto dalla parte lesa.

FRATTURA DELLA CLAVICOLA

Incrociare il braccio del lato leso dolcemente sul torace. Infilare un cuscinetto tra il braccio ed il torace. Sostenere il braccio con una sciarpa al collo.

FRATTURA DEL BRACCIO ED AVAMBRACCIO

Sostenere con delicatezza l'arto infortunato appoggiandolo sul torace e ponendo un cuscinetto tra arto e torace. Sostenere il braccio con un telo al collo. Per completare l'immobilizzazione mettere un altro telo di traverso intorno al primo e legarlo dal lato della mano.
Se il braccio non può essere piegato fate distendere il paziente, stendere il braccio lungo il tronco, mettere qualcosa di morbido tra braccio e tronco e quindi fasciare in tre punti stingendo l'arto al tronco.

FRATTURA DEL BACINO

Mettere l'infortunato disteso, se gli è confortevole, fargli piegare le ginocchia mettendo un sostegno sotto. Aspettare i soccorsi.

FRATTURA DEL FEMORE O DELLA GAMBA

Allineare i due arti. Sistemare del morbido tra le due gambe, se si ha una stecca o qualcosa di simile metterlo tra i cuscinetti morbidi. Fasciare insieme gli arti in più punti. Fasciare ad otto piedi e caviglie.

Fig. 160

Fig. 161

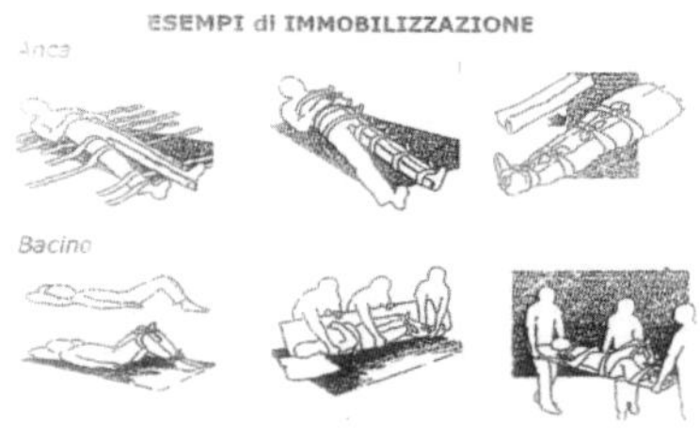

EPISTASSI

L'epistassi è la fuoriuscita di sangue dal naso:

- Far sedere la persona con la testa in avanti
- Comprimere il naso tra due dita
- Applicare garze di acqua fredda alla radice del naso

LESIONI TRAUMATICHE

Le lesioni traumatiche possono essere: Contusioni; Muscolari; Articolari; Lussative

CONTUSIONE

Le contusioni sono lesioni conseguenza di un trauma diretto, la cui forza vulnerante non è sufficiente a provocare una discontinuità dei tessuti biologici. Si manifesta con trauma cutaneo e muscolare dovuta alla pressione o all'urto di un corpo estraneo senza rottura della parete cutanea (ferita) e con la formazione di ematomi. L'emarto si può instaurare rapidamente o lentamente in 24 ore e più. Sopravviene anche dolore vivo e gonfiore della parte. Immobilizzazione e messa a riposo; applicazione di ghiaccio sulla zona interessata.

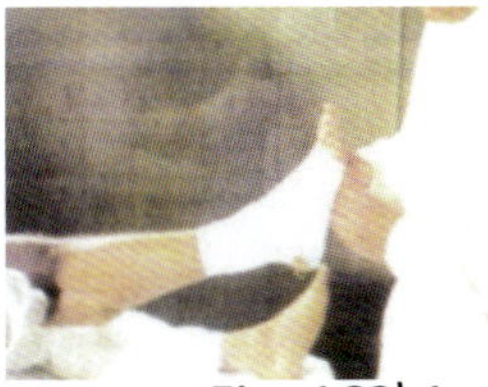

Fig. 162\A

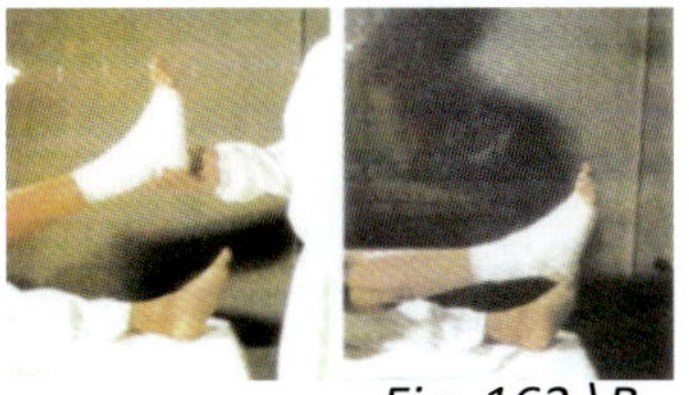

Fig. 162 \B

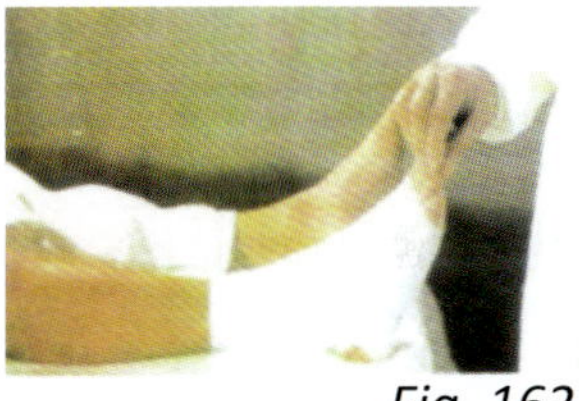

Fig. 162 \C

Figura A
Fasciatura di una caviglia. L'arto inferiore viene tenuto sollevato e l'articolazione protetta da garze. Quindi si svolge una benda di garza tenendola adesa senza esercitare trazione

Figura B
La fasciatura viene continuata con movimento a 8 fra parti superiore ed inferiore dell'articolazione

Figura C
La fasciatura è completata lasciando libere le dita ed il calcagno

STIRAMENTO

È un eccessivo allungamento delle fibre muscolari. Dà vivo dolore ma si risolve in pochi giorni grazie al riposo assoluto. È utile il ghiaccio se apposto subito.

STRAPPO

Lesione delle fibre muscolari. È più grave del semplice stiramento. Talvolta non basta il riposo ma necessari punti interni di sutura.

LESIONI ARTICOLARI – DISTORSIONI

La distorsione è lo scostamento articolare temporaneo delle estremità ossee di una articolazione. I sintomi sono: dolore vivo e costante; gonfiore immediato; ecchimosi o ematomi.

Terapia: applicazione immediata del ghiaccio; fasciatura ed immobilizzazione; riposo assoluto avendo cura di tenere sollevata la parte

LUSSAZIONE

È lo spostamento permanente delle estremità ossee di un'articolazione per rottura dei legamenti. Un segno caratteristico è la deformazione anatomica.

Terapia: Immobilizzare la parte lussata rispettando la posizione assunta dalla vittima.

LUSSAZIONE DELLA SPALLA

È la lussazione più frequente. Il paziente si lussa per un trauma diretto o indiretto, più spesso per un movimenti abnorme. Il profilo della spalla da rotondo diventa piatto.

La spalla è deformata a spallina da ufficiale, il malato sostiene il gomito per evitare movimenti che risultano impossibile e dolorosi. La riduzione è tanto più agevole, quanto più tempestiva.

Terapia: Il paziente deve essere sedato con morfina ed ansiolitici. Eventualmente può essere praticata anestesia intra-articolare. Dopo mezz'ora circa, ottenuta la sedazione e l'anelgesia locale, si provvederà alla riduzione secondo il *metodo di Kocher* come in figure.

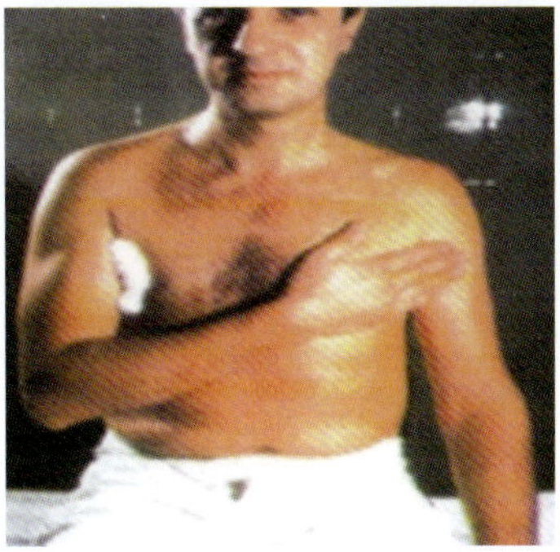

Fig. 163\A *Immobilizzazione della spalla secondo desault paziente seduto a torso nudo: si pongono falde di cotone nel cavo ascellare alla parte che si vuole immobilizzare*

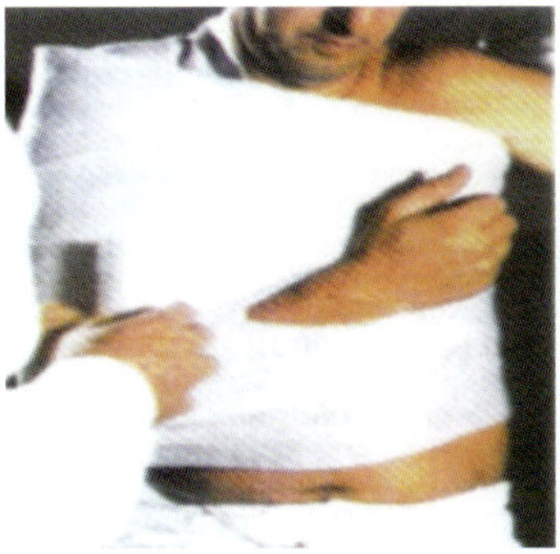

Fig. 163\B *Si svolge un rotolo di cotone di Germania attorno alla spalla, al torace ed all'arto. Lasciando libera la mano*

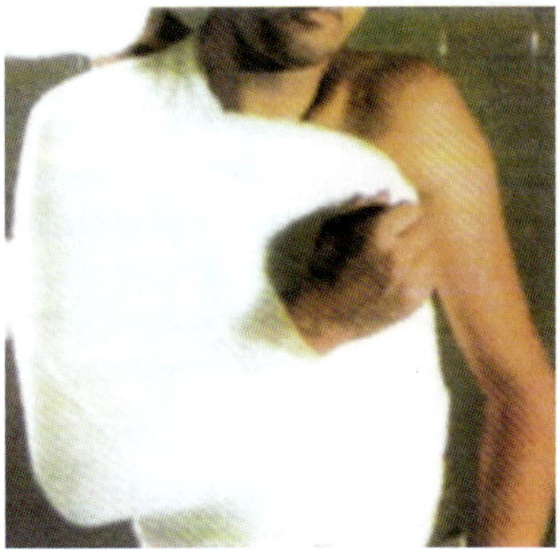

Fig. 163\C *Si svolgono una o più bende di garza a ricoprire completamente il cotone*

USTIONI

Con il termine di ustione si indicano in 2 diverse condizioni:

1. Ustione termica che colpisce il rivestimento cutaneo; ustione elettrica: per arco voltaico; ustione elettrica vera o elettrotermica (*folgorazione*); la classificazione dell'ustione termica è basata sul grado di reazione sulla sua estensione:
   b. Ustione di 1° grado o eritematosa: notevole arrossamento
   c. Ustione di 2° grado o bollosa: essudazione sierosa e formazione di vesciche
   d. Ustioni di 3° grado o escarotica: necrosi a tutto spessore del derma ma non agli strati profondi.

   Le complicanze sono: disidratazione (prime 24 ore); infezioni nelle 48/72 ore.

Una valutazione stimata dell'estensione si può fare applicando la regola del 9:

Testa e collo	9%
Ciascun arto inferiore	18%
Ciascun arto superiore	9%
Tronco anteriore	9%
Tronco posteriore	18%

Sono da considerarsi gravi qualunque sia il loro grado le ustioni:
di oltre il 9% dell'intera superficie corporea agli occhi; alla faccia; alle estremità (genitali);
Urgono soccorsi urgenti.
Le ustioni gravi vengono trattate con:

- Avvolgere l'infortunato in un telo pulito.
- Ricoprire la zona ustionata con garza grassa sterile.
- Dare piccoli sorsi di acqua e sale (solo se l'infortunato è cosciente, senza vomito e senza segni di shock.

2. Ustioni chimiche con caratteristiche diverse a seconda dell'agente chimico. L'aggressione termica determina una distruzione cellulare e tissutale.